Gabriele Katz
Anna Haag
Schreiben in Zeiten des Kriegs

8 grad

Gabriele Katz

ANNA HAAG

Schreiben in Zeiten des Kriegs

8 grad verlag   Freiburg

Das Menschenleben hängt heute an einem Fädchen.
Anna Haag

Prolog

Der Spiegel zeigte ihr, wie alt sie geworden war. Was soll's! Sie wischte den Gedanken weg, und ihre Hand glitt über die kleinen Perlen an ihrem Hals.

»Hiermit beantrage ich, ins Landesgesetz Württemberg-Baden aufzunehmen: ›Niemand darf zum Kriegsdienst mit der Waffe gezwungen werden.‹«

Anna lächelte ihrem Spiegelbild zu. Anna war zum dritten Mal in ihrem Leben Anna geworden.

I

Mai 1940

Frühling lässt sein blaues Band. Anna erwachte mit der Ode an die ewige Erneuerung allen Lebens. Beschwingt wie lange nicht mehr goss sie Tee auf und erzählte dabei den letzten Narzissen im Krug auf dem Küchentisch, dass dem guten Mörike zum Frühling ein Blau eingefallen war und nicht Gelb.

Sie wollte Clara in Feuerbach besuchen. Ehemaliges SPD-Mitglied, pensionierte Lehrerin und frühere Nachbarin. Anna freute sich auf die große Wohnung der Freundin. Das Esszimmer mit den verschnörkelten Gründerzeitmöbeln, die Großeltern in ovalen Rahmen an der Wand, Clara im geblümten Seidenkleid. Alles wie früher.

Nein, nichts war mehr wie früher, aber sie würden wenigstens ohne Angst vor Denunziation über die Zeiten klagen können und sich wechselseitig trösten, sich versprechen, dass danach alles anders würde, und daran wollten sie beide gewiss mitarbeiten.

Gegen zehn Uhr schloss Anna die Haustür sorgfältig ab. »Liebes Häusle, wart auf mich.« Das Haus am Waldrand war ihr Rückzugsort geworden. Innerhalb seiner schlichten Wände fühlte sie sich sicher, unbeobachtet, unbelauscht. Sie hatte sogar angefangen, mit dem Haus zu sprechen. Hoffentlich hörten die Nachbarn sie nicht!

Anna eilte die Straße entlang. Überall standen die Fenster offen: Das kann doch einen Seemann nicht erschüttern! Eine junge Frau wiegte einen wenige Monate alten Säugling im Takt. Ihr blondiertes, künstlich gewelltes Haar leuchtete, ihr singender Mund schimmerte rot. »Die deutsche Frau raucht nicht, trinkt nicht, schminkt sich nicht.« Anna erinnerte sich noch gut an die Plakate. Nun ja! Wie so vieles galt eben auch das nicht für alle!

Die Frau trat ans Fenster und grüßte mit emporgerecktem rechtem Arm. Im Zimmer nebenan stand ihr wesentlich älterer Ehemann mit hochrasiertem Nacken und weißem langärmeligem Unterhemd. Anna wusste, dazu trug er wie immer eine ausgebeulte Trainingshose. Als leitender Parteigenosse von seinem Beruf als Lehrer freigestellt, schwadronierte er für sein Leben gern über heldenhafte Soldaten und glorreiche Siege. Anna nannte ihn nach einer Gestalt ihres Romans *Ursula macht Inventur* den »Apotheker«. Jener hatte sich mithilfe der Astrologie durchs Leben gewunden, ihr Nachbar tat es mit offizieller Flüsterpropaganda. Jetzt rief er laut: »Heil Hitler!«

Keinesfalls wollte sie sich den Tag verderben lassen, also grüßte Anna mit einer diffusen Geste und einem verwischten Lächeln zurück. Ihr fehlte das »Deutsche«. Anna fürchtete, man sah es an ihrer Körpersprache, hörte es an ihrem Stimmklang. Heute machte einen allein das schon verdächtig.

Hausfrauen mit und ohne Kinder warteten an der Haltestelle der Straßenbahn. Anna stellte sich ein wenig abseits. Ihr war nicht nach Frontberichten und Siegesmeldungen zumute. Endlich kam die Elektrische. Sie wählte eine leere Sitzbank in Fahrtrichtung und freute sich auf die halbe Stunde, die sie gleich durch den Wald mit seinem frischen Grün in den Talkessel schweben würde.

Nur wenige Fahrgäste saßen in dem Waggon. Eine Arbeitsmaid mit dem Münzgeldapparat vor der Brust und der Zange für die Entwertung der Fahrscheine in der Hand ging langsam durch die Reihen, beobachtet von einer deutschen Heldenfrau mit gehämmerter Brosche an der tadellos weißen Bluse, das Haar wie Gertrud Scholtz-Klink in einem Ehrenkranz um die Stirn geschlungen. Über eine Mutter, die ihren zwei kleinen quengelnden Töchtern geduldig die Nase putzte, runzelte sie missbilligend die Stirn. Vermutlich hatte sie keine Kinder, denn ihr Leben gehörte ja dem Führer. Anna blickte auf den Strauß Gartenblumen in ihren Händen und stellte sich Claras zartes, feines Gesicht vor. Wie viele Stationen waren es noch bis zum Hauptbahnhof, bis Feuerbach? Endlos viele!

Ein alter Mann, die Hände auf einen Stock gestützt, murmelte leise vor sich hin. Er erinnerte Anna an einen kauzigen Nachbarn, Herrn Uhlmann, den sie sehr mochte. Dann wanderte ihr Blick weiter zu einem jungen Soldaten mit stolzgeschwellter Brust, das Käppi unter die Schulterklappe geklemmt: ein »Urlauber«. Armer Junge. Hoffentlich musste er dieses Hochgefühl nicht sehr bald bitter bezahlen.

Die Überzeugte war Annas Augen gefolgt: »Wie sieht es aus bei unseren Männern da draußen? Habt ihr den Franzosen ordentlich eins draufgegeben?« Pflichtschuldig gab er Bericht über die Erfolge an der Westfront. Vorgestern hatten deutsche Truppen die Kanalküste erreicht. Er bedauerte, nicht dabei gewesen zu sein, und die Begeisterte tröstete ihn damit, dass er noch viele Siege für Führer, Volk und Vaterland werde erringen können. Sie bebte.

Der Mann mit dem Stock blickte kurz hoch: »Das kenn ich alles vom letzten Krieg. Freut euch nicht zu früh. Es kann noch ganz anders kommen!«

Anna wandte sich zum Fenster, aber das Maigrün hatte seinen Glanz verloren und wich zurück. Mit Albert hatte sie Hitlers *Mein Kampf* Seite für Seite gelesen. Für das Ziel »Lebensraum im Osten« hatte er dort bereits die Ausschaltung Frankreichs als Rückendeckung gefordert. Jetzt war es so weit! Und dieser junge Soldat sollte so wie Hunderttausende dabei helfen.

Als die Bahn sich durch Stuttgart hinabschlängelte, stieg am Eugensplatz eine Frau mittleren Alters zu. Rot geweinte Augen, ein bekümmertes Gesicht, herabfallende Schultern. Anna seufzte. Es gab heute so viele Gründe, mit dem Leben zu hadern oder zu trauern. Die Frau setzte sich auf den freien Platz gegenüber. Dann huschten ihre Blicke zu dem Soldaten.

»Sind Sie auf dem Weg zu Ihrer Mutter oder haben Sie gerade mit ihr gefrühstückt und fahren jetzt zu Ihrer Braut?« Eine Stimme matt vom vielen Weinen.

»Warum wollen Sie das wissen?«, fragte der Mann mit dem Kindergesicht über dem Uniformkragen. »Was geht Sie meine Mutter an, und eine Braut hab ich nicht.« Er wandte sich ab.

»Da können Sie froh sein. Mein Sohn hatte eine Braut, und er war bei den Fallschirmjägern in Holland.«

Anna zuckte zusammen. Vor zehn Tagen hatte der Angriff der Heeresgruppe B auf Belgien und die Niederlande mit Fallschirmjäger-Einheiten begonnen.

»Er ist gerne gesprungen. ›Mutter‹, hat er immer gesagt, ›in der Luft fühle ich mich frei wie ein Vogel. Da kann mir nichts passieren.‹ Und dann haben sie ihn abgeschossen. In der Luft. ›Getreu seinem Fahneneid starb im Kampf um die Freiheit Großdeutschlands Hans Schmid den Heldentod für Führer, Volk und Vaterland.‹« Die Stimme erstickte.

Wie oft mochte die Frau diese Nachricht gelesen haben, wie lange hatte sie gebraucht, sie zu verstehen? War das

Unglück als plötzlicher, gewalttätiger Schock über sie hinweggerollt oder langsam auf sie zugekrochen? Anna fröstelte.

»Sein Freund hat es mir geschrieben«, fuhr die Frau fort. »Wie er langsam vom Himmel herabgetaumelt und in einem Baum hängen geblieben ist. Können Sie sich das vorstellen? Der Rudi ist in den Baum geklettert und hat meinen Buben heruntergeholt.«

Jetzt konnte die Führertreue sich nicht mehr beherrschen. Sie richtete sich auf und reckte den Zeigefinger an der lang ausgestreckten Hand: »*DA WEINT MAN NICHT, DA IST MAN STOLZ!*«, schrie sie der verwaisten Mutter ins Gesicht. Ihr triumphierender Blick lauerte in die Runde, ob jemand widerspräche. »Alles andere ist Defätismus, und Defätismus ist Volksverrat.«

Was für eine Zeit! Anna umklammerte ihre Blumen. Der oder die Einzelne zählte nicht. Weder der tote Junge noch seine Mutter. Nichts als Menschenmaterial waren sie alle.

Anna sah in Gedanken den schmalen Rücken eines blonden Sechzehnjährigen, bepackt mit einem großen Rucksack, in einem Eisenbahnwaggon verschwinden. Er fuhr seiner Sicherheit, seinem Leben entgegen, auch wenn es seiner Mutter fast das Herz brach. Damit sie nicht laut aufschrie, hatte sich Anna fest an Alberts Arm geklammert, während Tränen über ihre Wangen rollten. Albert hatte leise gehüstelt und mit steifer Hand dem Sohn zugewinkt. Er konnte nicht anders.

Nach ein paar Sekunden riss Anna sich zurück in die Gegenwart, in eine Welt, in der eine Mutter nicht um ihren Sohn trauern durfte, in der alle echten Gefühle unterdrückt werden mussten.

Eine halbe Stunde später warf sie sich von innen gegen eine Etagentür. »Ach, Clara, wie bin ich froh, bei dir zu sein!«

August 1940

Isolde warf die Haustür mit einem lauten Knall ins Schloss, und Anna zuckte schmerzlich zusammen. Die selbstbewusste älteste Tochter war ins Haus ihrer Eltern zurückgekehrt, nachdem sie sich von ihrem regimetreuen und ehrgeizigen Ehemann getrennt hatte. Wenn er sie besuchte, um sie zur Umkehr zu bewegen, stritten sie, und Anna fürchtete dann eine Anzeige. An eine Karriere als Pianistin dachte Isolde nicht mehr. Stattdessen würde sie ihr Lehramtsstudium beenden.

Vor Anna lagen die ersten Seiten eines Romans, mit dem sie sich seit einem Jahr quälte. Eine heitere kleine Geschichte sollte es werden, ohne Doppelbödigkeiten, harmlos. Aber eine Autorin wie sie verkaufte nicht einmal mehr so etwas an einen Verlag. Entnervt schob sie die Blätter von sich weg. Sie vermisste ihre beiden jüngeren Kinder. Sigrid, das sanfte, liebe »Kleinele«, lebte zum Glück seit sechs Jahren in England, hatte dort geheiratet und vor zwei Jahren eine Tochter geboren. Anfang März 1939 hatte Anna Rudolf zu ihr geschickt; weg aus der drohenden Kriegsgefahr. Er war früher eingeschult worden, hatte eine Klasse übersprungen und sein Abitur glanzvoll bestanden. Begeistert ließ er sich auf das Abenteuer der Reise ein.

Diese Entscheidung bezahlte Anna jeden Tag und vor allem jede Nacht mit einem Gefühl großer Sorge. Inzwischen war ihr Sohn als »feindlicher Ausländer« in einem Lager interniert. Die Nachrichten von beiden oder über sie kamen von Annas in Baltimore lebender Cousine Pauline. In fünf Tagen hatte Rudolf Geburtstag. Er wurde achtzehn Jahre alt, und sie konnte ihn nicht in die Arme schließen. Könnte sie es, würde er am Tag darauf zur Wehrmacht eingezogen werden. Alles war besser als das!

Seit Beginn des Westfeldzugs am 10. Mai war Anna meist in einer entsetzlichen Gemütsverfassung, drehte mehrmals am Tag hektisch an der Einstellung des Radios, prüfte ängstlich, ob sie Straßburg oder Beromünster noch empfangen konnte. Das Hören ausländischer Sender wurde seit Kriegsbeginn mit Zuchthaus oder Gefängnis bestraft. Anna war eine »Rundfunkverbrecherin«. Das konnte sie beinahe jeden Tag in der Zeitung lesen.

Als Italien einen Monat später in den Krieg eingetreten war, schallte Mussolinis Rede in Stuttgart aus den Lautsprechern. Gauleiter Murr sah die deutsche und italienische Wehrmacht von Sieg zu Sieg marschieren, auf den Zeitungsfotos flatterten Hakenkreuzfahnen. Frankreich akzeptierte die Waffenstillstandsbedingungen, da flatterten sie wieder. Zusätzlich ertönte Glockengeläut, und es gab Quark ohne Marken. Im Lazarett in Cannstatt, im Olga-Krankenhaus und im Marienhospital lagen Schwerstverwundete. Ein englisches Flugzeug kreiste in der Nacht vom 27. Juni über Stuttgart, und drei Tage später heulten die Sirenen: Fliegeralarm.

In Rudolfs Zimmer stapelten sich zahlreiche unbenutzte Schulhefte. Er wollte Mathematik studieren wie sein Vater, oder noch besser Physik. Anna wusste nicht, womit ihr Sohn seit eineinhalb Jahren seine Tage verbrachte. Sie stellte ihn sich immer lesend oder Gleichungen und Formeln aufs Papier werfend vor. Das beruhigte sie. Ohne nachzudenken, nahm Anna das oberste Heft.

Sie hatte einen Entschluss gefasst: Für Albert und mich, für unsere Kinder und deren Kinder. Sie würde nicht länger nur eine Frau sein, die nachdachte und beobachtete, sondern eine, die das, was sie sah und hörte und dachte, aufschrieb. Denn was kann es für ein Leben geben, danach, wenn keiner weiß oder wissen will, wie es wirklich gewesen war?

September 1940

Eigentlich hörte Anna seit Kriegsbeginn nur noch Nachrichten, Wehrmachtsberichte und politische Reden. Die Gegenwart war so weit weg von der Musik. Doch plötzlich vernahm sie das Horn aus der Ouvertüre von Carl Maria von Webers *Oberon*. Die ersten Töne. Acht Minuten Verzauberung würden folgen. Schon erklang der Fortissimo-Schlag des Orchesters, Startschuss für eine abenteuerliche Reise, dann noch einmal das Horn, ein Liebesmotiv. Der weiche, unbestimmte Klang, von weit her, ein Echo, ergriff Annas Herz und weckte eine tiefe Sehnsucht nach dem Tannenwald ihrer Kindheit: der kleine See, die Wasserfälle, die Bächlein, Schluchten und Täler, die Nonnenmühle, das Klösterle.

Sie setzte sich an den Flügel, schlug ein paar Töne an, fantasierte über die Waldhornklänge, ließ Erinnerungen zu an die Eltern, die Geschwister, das Dorf, das Schulhaus.

Mochten die Althütter auch nur »Rechenspitzer« sein, ihr Wald barg tausend Märchen und Geheimnisse. In seinen schwarzen Nadelbaumschatten tanzten die Mädchen den ganzen Sommer lang als Feen oder bauten Häuser mit Ästen und Moos und führten mit großer Ernsthaftigkeit die Gespräche ihrer Mütter, beklagten, dass ihre Männer zu spät nach Hause kämen, oft bis spätabends im Wirtshaus säßen. Immerhin gab es sechs davon im Ort. »Das macht meiner net!«, sagte Anna dann jedes Mal trotzig, auch wenn diese Antwort das Spiel störte.

Den waldgrünen Sommern folgten raue und schneereiche Winter, Abende in der warmen Stube mit dem eisernen Ofen. Zuerst durften die Kinder die Kupferbettflaschen in ihre Betten stecken. Dann kamen sie unter die Decken der Eltern.

Annas heitere und fromme Mutter Karoline, eine Lehrerstochter aus Fellbach, zart und klein, glaubte nicht nur an die Güte Gottes, sondern auch an die der Menschen. Der Vater von der Alb war streng und karg. Mit seinen dunkel blitzenden Augen hinter einer goldumränderten Brille, dem schwarzen Vollbart, der hohen Statur und geraden Haltung schüchterte er Anna meist ein. Seinen Lehrerberuf vergaß Jakob Schaich auch in der Familie nicht, er liebte aber die Musik, spielte Orgel und leitete zwei Männerchöre. Daher durften alle Kinder Klavier spielen lernen: die sieben Jahre älteren Zwillinge Eugen und Emil, Adolf, Annas Lieblingsbruder, ein Jahr jünger als sie, die Kleinen, Gertrud und Helene.

Während Anna beim Vater in der Schulbank saß und Französisch beim Pfarrer lernte, besuchten die Zwillinge bereits das kostenfreie Volksschullehrerseminar. Für die Mädchen war keine Ausbildung vorgesehen, die würden ja eh heiraten. Auch Anna, obwohl sie wegen eines guten Aufsatzes einen Freiplatz und Freitisch am Stuttgarter Königlichen Katharinenstift bekommen hätte.

Oktober 1940

Leichtfüßig und doch schwer beladen lief Anna den ganzen Nachmittag durch die geschmückten Straßen Stuttgarts, wollte sich von ihren unentwegt um Rudolf und Sigrid kreisenden Gedanken ablenken und sei es durch körperliche Erschöpfung. Sie trug diese unsichtbare Last und hoffte, dass keiner es bemerkte.

Heute, am frühen Morgen des 3. Oktober, hatten sich die Menschen zum Empfang des Stuttgarter Traditionsregiments No. 119, dem Sieger der Westfront, von Laon und Chemin des Dames, auf den Weg gemacht. Vom Schlossplatz aus waren Infanterie und Kavallerie, Artillerie, Flak und andere motorisierte Einheiten zum Exerzierplatz vor der Flandern-Kaserne in Cannstatt aufgebrochen.

Fahnenschmuck und grüne Zweige auf der Königstraße. Überall standen die Leute zusammen und besprachen das außerordentliche Ereignis. Was dem Kaiserreich im Weltkrieg nicht gelungen war, war jetzt im nationalsozialistischen Führerstaat von Erfolg gekrönt. Man musste nur diese zerstörerischen Diskussionen um Krieg oder Frieden, um Verständigungsfrieden oder Siegfrieden, diesen Parlamentarismus und die Demokratie vollständig unterbinden! Die Einheit auch der Gesinnung war die tiefste Rechtfertigung des neuen völkischen Staates. Geschlossenheit brachte den Sieg!

»Deutschland, wir glauben an dich« und »Wir danken dem Führer und unseren tapferen Soldaten« stand auf zahlreichen Spruchbändern und wurde in allen Erzählungen andächtig wiederholt. Anna umrundete die Schmucksäulen am Wilhelmsbau: »Voll Stolz und Dank grüßt Euch die Heimat«. Auf dem Schlossplatz verkündete eine Ehrenpforte »Das Reich ist unseres Kampfes Ziel«.

Sie war erschöpft, musste sich ein wenig Ruhe gönnen. Dafür wählte Anna das nahe Schlossgarten-Café. Ein Tee, bevor sie nach Hause führe. Also hinein in die Volksgemeinschaft, Anna, ermutigte sie sich.

Leise Musik tönte ihr entgegen. Sehr junge Paare hielten verschämt unter dem Tisch Händchen. Einzelne Herren raschelten mit ihren Zeitungen. Eine alte Dame fütterte ihren Spitz mit Marmorkuchen. Freundinnen, weit über den Tisch gebeugt, vergnügten sich beim Austausch des neuesten Klatsches.

An dem kleinen Tisch konnte sie wenigstens zahlen und gehen, wenn es ihr zu viel wurde. Ein gutes Gefühl. Zu Hause hatte sie vor vierzehn Tagen den Besuch dreier

Stuttgart, Königstraße, geschmückt aus Anlass
eines Hitler-Besuchs im April 1938

Damen ertragen müssen, die nur gekommen waren, um sich an Annas Sorge um ihre Kinder zu weiden und ihr politisch ein wenig auf den Zahn zu fühlen. Also hatte Anna vorher ihre Putzfrau die gute Stube auf Hochglanz bringen lassen, selbst Hagebuttenzweige in einer Vase geordnet und wie ein Mantra den Vorsatz wiederholt, sich keinesfalls zu Äußerungen über England hinreißen zu lassen.

Bereits am 18. August war Birmingham bombardiert worden. Dort lebte Sigrid inzwischen mit ihrer Familie. Anna hatte sich tagelang nicht beruhigen können. Eine Woche später, kurz nach Mitternacht, ein erster englischer Fliegerangriff auf Gaisburg und das Industrieviertel in Untertürkheim. Auf dem Foto in der Zeitung hatte Anna gesehen, dass Hunderte von Schaulustigen zu dem zerstörten Gasthaus Krone gepilgert waren. Am 7. September griff die deutsche Luftwaffe dann die Londoner Docks an. Die City erlitt massive Schäden. Die Menschen flohen in die U-Bahn.

Bekannte hatten Nachricht von in England internierten Angehörigen. Sie seien in Kanada, hatten sie berichtet. Kanada, das bedeutete: in Sicherheit. Wo waren Rudolf und Sigrid? Anna hatte mit zittrigen Fingern an der Sendereinstellung des Radios gedreht: Endlich die magischen Töne: dreimal kurz, einmal lang. »Hier ist England! Hier ist England!« Erleichtert hatte sie gehört, dass die deutschen Bomber dezimiert und die Jäger abgewiesen worden waren.

»Der Radio«. Er stand in Annas Schlafzimmer. Sie lief hinüber, schraubte die Antenne ab und versteckte sie hinter den Marmeladengläsern im Keller. Den Damen konnte in ihrer grenzenlosen Neugierde schließlich alles Mögliche einfallen. Zum Beispiel ein kleiner Schwächeanfall. »Kann ich mich bitte kurz auf Ihrem Bett ausruhen, meine Liebe? Nein, lassen Sie die beiden anderen meinetwegen nicht allein!« Und sobald Anna die Türe hinter sich geschlossen hätte, würde alles durchsucht werden.

Es läutete energisch an der Tür. Anna warf einen zerstreuten Blick in den Spiegel und eilte, die ungebetenen Gäste zu empfangen. Dreistimmiges »Heil Hitler« und eine Woge Parfüm drängten sich ins Haus. Falsches Lachen, flinke Blicke.

Die gute Stube leuchtete geradezu. Der Ersatzkaffee dampfte in der Kanne. Anna hatte mit den letzten Johannisbeeren einen einfachen Kuchen gebacken und ihr bestes Geschirr aus dem Schrank geholt. Drei Augenpaare registrierten jedes Detail. Frau Dr. Kramer, Arztgattin und begeistert engagiert in Sillenbuchs NS-Frauenschaft, versicherte zwischen zwei Gabeln Träubleskuchen: »*Wir werden den Engländern in vierzehn Tagen den Fuß auf ihren eigensinnigen*

Nacken setzen!« Sie war überzeugt, dass die Invasion »*hundertprozentig gelingen wird*«. Bei so viel Kampfesmut verteilten sich viele Kuchenbrösel auf der weißen Tischdecke.

»Wie geht es denn Ihren lieben Kindern dort in Feindesland?« Die Frau starrte Anna neugierig an, unerbittlich, bereit, sich an jedem Gefühl von Angst zu weiden, es weiterzuerzählen, auszuschlachten, gegen sie zu verwenden. Anna versuchte, in ihrem Blick zu verschwinden, um sich zu schützen, und antwortete schließlich, sie habe keine Nachrichten, was leider der Wahrheit entsprach.

»Ja, ja, das wird bald alles vorbei sein.« Frau Dr. Kramer stocherte mit der Kuchengabel in der Luft. »Sie werden bezahlen dafür, dass sie uns angegriffen haben, die Kerle. Natürlich haben sie es auf den Daimler abgesehen!«

Die beiden Schwestern auf der anderen Seite des Tisches nickten so ergriffen, als ginge die Rede über ein Familienmitglied. »Aber ein schönes Ehrengrab haben die vier doch bekommen«, flötete die dürre unverheiratete Martha Ziegler. Sie meinte damit die Todesopfer des englischen Luftangriffs am 25. August. Ihre füllige Schwester Liselotte, Ehefrau eines Drogisten, nahm sich währenddessen ungeniert das nächste Stück Kuchen, als wäre sie hier zu Hause, lächelte kurz zu Anna herüber, die diesen Übergriff mit einem kleinen Lächeln quittierte, und hackte sofort wieder auf den Beerenkuchen ein. Mit vollem Mund stimmte sie zu. »Das war schon schön.« Anna erinnerte sich, dass aus Anlass der Beisetzung im Großdeutschen Rundfunk das Lied von den Bomben auf Engelland zu hören gewesen war.

»Und außerdem haben wir ja die Russen«, riss Frau Doktor das Gespräch wieder an sich und in die Zukunft. Die beiden anderen waren diesbezüglich wegen der Erzählungen einer dritten, früher in Riga wohnhaften Schwester etwas mutloser.

Die drei machten sich breit und breiter, und die Zeit kroch in jede Bodenritze. Bald werden sie den ganzen Raum einnehmen. Anna sah auf ihre Armbanduhr, nein, es war Rudolfs Armbanduhr. Er hatte sie ihr beim Abschied auf dem Bahnsteig ums Handgelenk gebunden, und sie hütete sie seitdem wie einen Schatz. Anna sah also auf die Armbanduhr und bemerkte nervös, dass Albert heute früher aus Ludwigsburg zurückkäme, spielte die unterwürfige Ehefrau und versuchte es mit einem auffordernden Blick in die Runde. Irgendwann mussten sie doch gehen!

Sobald die unerwünschten Besucherinnen das Haus verlassen hatten, beseitigte Anna jede Spur ihres Aufenthalts. Dann setzte sie sich an ihren Schreibtisch, holte Rudolfs Schulheft aus der Schublade, schraubte die Kappe ihres Füllfederhalters auf und schrieb: *»Aber das eine kann ich doch tun: mir selber treu bleiben.«*

Mir selber treu bleiben. Anna rührte etwas Zucker in ihren Tee. Die Erinnerung an den Nachmittag schien mit den weißen Krümeln auf den Boden der Tasse hinabzusinken.

Plötzlich knatterten die Raumlautsprecher im Café, und eine energische männliche Stimme kündigte die Bekanntgabe des Wehrmachtberichts an. Sofort trat atemlose Stille ein. Anna hörte von zerstörten Straßenzügen in London, dachte an die vielen Opfer. Außerdem waren fünf Schiffe versenkt worden. Die Anwesenden nahmen all das ungerührt zur Kenntnis, aßen ihren Kuchen, tranken ihren Kaffee. Anna bat den Kellner um die Rechnung und konnte es nicht erwarten, dass die Bahn sie zu ihrer Siedlung am Waldrand emportrug.

In den darauffolgenden Nächten hallten die Sirenen über Stuttgart und Annas stillem Haus. Noch galten die Angriffe Mannheim und Heilbronn, und sie konnte im Gegensatz zu Albert ruhig schlafen.

Endlich, am 11. Oktober, ein Rotkreuz-Brief von Sigrid. Anna öffnete ihn mit fahrigen Händen, sobald sie die Haustür hinter sich geschlossen hatte. Rudolf in Kanada! Ihre Tochter erwartete ein zweites Kind! Vier Tage später bestätigte ein Telegramm von Pauline: »*RUDOLF SAVELY IN CANADA!*« Waren Buchstaben je schöner gewesen? Anna wirbelte ein paar Mal um die eigene Achse. Am liebsten wäre sie hinausgerannt in ihren geliebten Wald und hätte es den Bäumen vorgelesen. Das ging natürlich unter keinen Umständen. Aber »Anna im Glück« hieß die Parole des Tages. Abends holte Albert, der sich stiller freute als seine Frau, eine der letzten Flaschen Weißwein für besondere Anlässe aus dem Keller, und Bratkartoffeln mit Spiegelei ersetzten jedes Restaurant.

Der Gipser, der die Wände im Vorratskeller verputzen sollte, hatte am nächsten Tag eine ganz andere Stimmung. »*Mein Sohn war auf Urlaub da*«, murrte er auf Annas Frage, wie es ihm denn gehe. Sie wusste, der Sohn war als Panzerwagenführer auf dem Truppenübungsplatz bei Soissons in Nordfrankreich stationiert, ohne bislang zum Einsatz gekommen zu sein. Gott sei Dank. Sein Sohn habe *den Krieg satt*, bruddelte der Vater weiter, während er den Gips anrührte. Er wusste, Anna gegenüber konnte er solche Sachen sagen. »*Wie alle*«, fügte er leise hinzu.

Annas Neugier war geweckt. Vielleicht hatten ja viele Soldaten den Krieg bald satt!

Als der Mann wieder hochblickte, lächelte sie ihn ermutigend an. »Verliebt hat er sich halt, der Bub, in ein Mädle, eine Französin.« Anna wusste, der Sohn hatte in Stuttgart ein Gymnasium besucht und zum Stolz seines Vaters begonnen, Ingenieurwissenschaften zu studieren. »Fremdsprachenkenntnisse sind eben nie falsch«, erwiderte sie daher lächelnd und mehrdeutig.

Endlich führte sie einmal ein Gespräch, in dem der Mensch hinter dem Soldaten aufschien. Sie musste es unbedingt aufschreiben. Sonst war nur von Vernichten und Vernichtung die Rede! Jeden Tag stand das in der Zeitung. *Welch eine Herausforderung Gottes! Wie lange wird er zusehen?*, fragte sich Anna zum tausendsten Mal.

»*Gott wird nicht ewig schweigen!*« Anna reichte dem Gipser eine Flasche Bier. Der nahm sie mit unbewegtem Gesicht entgegen. Hatte er sie verstanden? Er ließ sich nichts anmerken. Eine erneute Haussammlung der Hitlerjugend für das Winterhilfswerk unterbrach das Gespräch. Anna eilte mit dem Geldbeutel in der Hand an die Tür. Die Jungmädel waren gestern schon da gewesen, aber natürlich musste sie wieder die Tür öffnen und spenden. Das diesjährige Motto hieß »Kämpfen, arbeiten, opfern«.

»Heil Hitler!« Zwei etwa zehnjährige Jungen in schwarzen Hosen und hellbraunen Hemden mit Hakenkreuzbinde, Halstüchern und Koppelgürteln streckten ihr die rote Sammelbüchse mit der Aufschrift Gau Württemberg entgegen. Seit Kriegsbeginn gab es für Kinder und Jugendliche zwischen zehn und achtzehn kein Entrinnen mehr. An zwei Tagen der Woche lernten sie, alles Schwache zu verachten und »auszumerzen«. Bei gemeinsamen Wanderungen und Übungen bereiteten sie sich auf den Krieg vor. Zwölfjährige Hordenführer brüllten auf zehnjährige Pimpfe ein, jagten sie bis zur totalen Erschöpfung über Wiesen und Sturzäcker. Beim Apell inspizierten sie jedes Detail der Uniform und quittierten die kleinste Nachlässigkeit mit wüsten Beschimpfungen oder mit Strafexerziren. Die Kleinen begehrten nicht auf, noch nie hatte Anna einen von ihnen weinen sehen, im Gegenteil, sie wollten durch Härte im Nehmen und zackiges Auftreten ihren Quälern imponieren, denn nur dann wurden sie befördert, durften sich die

Schnüre und Litzen ans Hemd heften, selbst kommandieren und sich für alles rächen, was sie erlitten hatten. »Was sind wir? Pimpfe! Was wollen wir werden? Soldaten!«

Anna kramte in ihrer Börse und steuerte mit zwei Markstücken den Schlitz für die Münzen an. Das kleine Loch für die Scheine, gerahmt von dem Wort »Papiergeld« übersah sie geflissentlich. Einige Nachbarn dagegen würden ihre großzügige Spende erst publikumswirksam rollen und dann dort hineinstecken. Bevor die Jungen ihr die Metallsticker mit Reichsadler oder Waffen anbieten konnten, zog Anna schnell die Tür zu. Die Kriegspostkarte, auf der ein grimmiger Soldat mit aufgepflanztem Bajonett, ein Arbeiter mit geschultertem Hammer sowie die rote Sammelbüchse zu sehen waren, hatte sie bereits mehrfach von Leuten übersandt bekommen, die anders dachten als sie.

Der Regen ging in Schnee über. Große Flocken taumelten in graue Pfützen und schmolzen. Hatte der Gipser sie mit seinem Trübsinn angesteckt? Am nächsten Tag saß sie still an ihrem Schreibtisch. Vorbei die Euphorie über Rudolfs Rettung aus dem Kriegsgebiet. Stattdessen Sorge, Sorge, Sorge. Um ihn, um Sigrid. Der Wehrmachtsbericht meldete beinahe täglich Luftangriffe auf Birmingham. Und Anna betete jede Nacht für Sigrid und ihre Familie. Wie mochte es ihr in der Schwangerschaft ergehen? Anna hatte schon die erste nicht miterlebt, aber jetzt war Krieg! Würde Sigrids Mann sich kümmern? Und das kleine Mädchen, Sybil, das blonde Lockenköpfchen, plötzlich verging Anna vor Sehnsucht nach ihr.

Für ein paar Minuten vergaß sie alle vernünftigen Überlegungen, langfristigen Kalküls, und wieder einmal musste der angefangene und ins Stocken geratene heitere Roman für einen Zornesausbruch herhalten. Kindische Gans, beschimpfte Anna sich selbst und überlegte zum hundertsten Mal, ob sie den Stapel beschriebenes Papier nicht in den Küchenherd stecken sollte.

Dezember 1940

Die britischen Luftangriffe auf Deutschland häuften sich und verunsicherten die Menschen in Sillenbuch und Stuttgart, drängten die Möglichkeit einer Vergeltung ins Bewusstsein. Dann aber hieß es: »*Die Engländer sollen doch Berlin zusammenhauen! Von Berlin aus wird alles angeordnet. Dort wurde auch der Krieg beschlossen. Wir hier im Süden, wir haben bei den Siegen doch nur mitgejubelt. Ja, Berlin, das ist weit weg!*« Anna zog den Vorhang vor ihrer Terrassentür zur Seite und trat ins Freie. Zum ersten Mal in diesem Jahr verbargen sich die Gärten und der Wald unter einer Schneedecke. Die Sonne strahlte über der weißen Pracht und ließ sie funkeln. Wie in Friedenszeiten, dachte Anna sehnsüchtig. Der Gärtner hatte vor einem Monat die kleinen Bäume und Büsche angepflanzt – am Tag nach dem englischen Bombenangriff auf den Gaskessel. Zum Glück waren dieses Mal keine Toten zu beklagen gewesen, drei Menschen aber verletzt worden. Anna hatte in der Nacht geschlafen. Sie hatte geträumt, mit Albert und ihren Kindern im Garten zu sitzen und ihre beiden englischen Enkelkinder jauchzend durchs Gras wargeln zu sehen. Rudolf saß mit einem Buch daneben. Wir haben immer noch Sehnsucht nach dem Schönen, nach Liebe und Geborgenheit, trotz aller Gefahr, hatte sie sich beim Aufwachen gewundert.

Sie liebte diese sonnigen Wintertage hier oben besonders. Alles erinnerte sie an ihre Kindheit, der weite Blick, die verschneiten Tannen, die Ruhe. Sie war viel zu wenig mit den Kindern im Welzheimer Wald gewesen.

Eigentlich passte der weiße Schnee überhaupt nicht zu dieser Zeit. Er sah so neu und unschuldig aus wie seit Menschengedenken. Aber nichts war mehr unschuldig in diesem Land. Sie drehte sich um, ging zurück ins Haus und hörte Albert im ersten Stock unruhig umhergehen. Ihn trafen die Zeitumstände noch härter als Anna. Er sprach nicht darüber, aber er konnte die Erinnerungen an den Weltkrieg, seine Internierung, die Krankheit, nicht abwehren.

Wie jung und mutig waren sie gewesen, als sie heirateten! Albert hatte sein Studium noch nicht beendet, aber sie warfen schon hoffnungsvolle Blicke in die Zukunft, wollten dem engen Schwaben entfliehen, und er nahm eine Stelle an einer Privatschule in Schlesien an. Anna gab Klavierstunden. 1910 schloss Albert sein Studium ab, und Isolde wurde geboren. Da war Anna zweiundzwanzig Jahre alt. Eine neue, bessere Stelle rief die kleine Familie nach Treptow in Pommern. Aber Anna gewöhnte sich nicht an den Ton in der preußischen Garnisonsstadt. Als Alberts Bemühen, nach Württemberg versetzt zu werden, zurückgewiesen wurde, bewarb er sich in Bukarest. Dem Schreiben legte er ein Foto von sich und seiner schönen, zarten Braut bei, an deren Kleiderausschnitt eine Rose prangte. Es klappte. Wir beide gegen den Rest der Welt!

Zwischen Rumänen, Juden und einer deutschen Minderheit entwickelte Anna eine tolerante Weltsicht, kleidete sich elegant, führte so etwas wie einen Salon und begann zu schreiben. Der erste Artikel erschien in der prominenten *Vossischen Zeitung*, und sie war unendlich stolz darauf. Weil ihr Vater im Jahr zuvor gestorben war, besuchte Anna mit Mann und Tochter Anfang Juni 1914 ihre Mutter. Sie hatte einen Mathematiker und Philosophen geheiratet, der ihr die Welt berechnen und erklären konnte. Was also sollte passieren?

Es passierte ein Krieg, ausgelöst durch das Attentat auf den österreichischen Thronfolger in Sarajevo am 28. Juni 1914. Annas ältere Zwillingsbrüder Eugen und Emil holten ihre Reserveoffiziersuniformen aus dem Schrank. Albert fuhr zur militärischen Grundausbildung nach Ulm.

Unter Jubel zogen die Soldaten aus, Blumensträuße an den Bajonetten. Die Frauen mussten ihnen ermutigende Worte zurufen, und sie durften nicht weinen. Binnen weniger Wochen stand ganz Europa in Flammen. Alberts Regiment lernte an der Westfront bei Ypern als eines der ersten die Schrecken der modernen Kriegsführung kennen. Am 24. April 1915 brachte Anna ihr zweites Mädchen zur Welt, nannte es Sigrid und erfuhr kurz danach, dass ihr Bruder Emil an der Ostfront gefallen war. Das Außenministerium beorderte Albert schließlich Anfang 1916 von der Front zurück. Welch eine Erleichterung, welch ein Glück war das gewesen!

In Bukarest fanden sie ihre Wohnung verwüstet, Anna wurde krank. Rumänien trat völlig überraschend im Sommer in den Krieg ein. Sofort wurde Albert verhaftet, weggebracht und interniert. Anna erlebte mit den Töchtern verheerende Bombenangriffe. Viele flohen vor der deutschen Armee, die die Stadt am 6. Dezember besetzte. Anna blieb. Sie beherrschte die Landessprache, leitete zunächst ein Flüchtlingszentrum und später ein Haus für deutsche Frauen, die für die Armee arbeiteten, entwickelte Kräfte, die sie bisher an sich nicht gekannt hatte, und wollte den inzwischen am gefährlichen Fleckfieber leidenden Albert wiederhaben, hörte nicht auf, an ihn und an eine gemeinsame Zukunft zu glauben. Nach Monaten kehrte er im April 1918 endlich zurück. Anna hatte alle Schrecken des Kriegs erfahren, doch das bedeutete nicht das Ende ihres Lebens. Im Gegenteil: Anna war Anna geworden.

Ein Matrosenaufstand in Kiel weitete sich zur Novemberrevolution aus. Der Kaiser wurde abgesetzt und ging ins Exil. Zwei Männer unterzeichneten in einem Eisenbahnwagen im Wald bei Compiègne einen Waffenstillstand. Im Frühjahr 1919 reisten Anna und Albert mit ihren Töchtern in die Heimat. In Stuttgart regierte die SPD, Anna trat in die Internationale Frauenliga für Frieden und Freiheit ein, und am 10. Januar 1920 nahm der Völkerbund in Genf seine Arbeit auf. Seither glaubte Anna nicht nur an Demokratie und internationale Diplomatie, sondern manchmal auch an Wunder.

Februar 1941

»*Lieber Lindley Fraser!*« Anna hatte vor einem Monat begonnen, an den Rundfunksprecher der BBC-Nachrichten in ihr Tagebuch zu schreiben. War der Schotte einmal nicht auf Sendung, geriet sie in Sorge. Ihm vertraute sie nun an, dass sie und ihr Mann nach dem Krieg eine bessere Welt mit aufbauen helfen wollten, und sie klagte, wie schmerzlich sie sich durch den Fortgang der Ereignisse von alten Freunden entfremdet fühlte. Er, Lindley Fraser, war an deren Stelle getreten. Manchmal glaubte Anna, dass sie etwas seltsam zu werden begann. Sie schrieb, in zwei Strickjacken gehüllt und mit Wollhandschuhen, denen sie die Fingerspitzen abgeschnitten hatte, und fror. In ganz Deutschland waren wegen Kohlenmangels die Schulen geschlossen worden. Goebbels behauptete, das sei geschehen, weil es den Kindern so viel Spaß mache, im Schnee zu toben. Und denken lernen sollen sie eh nicht, dachte Anna bitter.

Da musste es noch sehr kalt werden, bevor sich daran etwas ändern würde, denn immer noch kamen nur sehr

wenige auf die Idee, die Deutschen könnten den Krieg verlieren. Im Gegenteil, sie hatten ihn angeblich so gut wie gewonnen. Unverdrossen hofften sie auf die ewige Dauer des »Dritten Reichs«, gingen an Heeresschulen, in die Rüstungsindustrie, freuten sich auf eine Stelle in den »Kolonien«.
»*Mit England wird's natürlich noch etwas kosten*«, meinten die Leute. »*Aber im nächsten Monat schon gehen wir hinüber, wir ›schweißen‹ mit unseren Stukas dort, wo wir landen wollen, alles zusammen, kein Lebewesen wird sich mehr regen, und dann hauen wir die Engländer in acht Tagen kurz und klein, und der Friede und der totale Sieg ist da!*« Schließlich hatte der Führer am 30. Januar 1941 das Jahr der Neuordnung Europas ausgerufen. Hätte Anna nicht immer wieder einen Brief von Cousine Pauline mit Nachrichten von Rudolf und Sigrid gelesen, sie wäre verzweifelt.

»*Was geschieht alles unter dem Vorwand, die ›deutschen Ehre‹ in der Welt wiederherzustellen*«, klagte sie am 6. Februar 1941 im Tagebuch. Von verschiedenen Seiten hatte Anna gehört, dass körperlich oder geistig behinderte Menschen unter dem himmelschreiend menschenverachtenden Argument getötet wurden, Deutschland könne *neben der gigantischen Aufgabe, England niederzuringen, keine zusätzliche Bürde* brauchen!

Bei Schloss Grafeneck, einsam auf der Schwäbischen Alb gelegen, waren Holzbaracken errichtet worden. Graue Busse mit blinden Scheiben holten die Menschen dorthin. Kurz darauf starben sie an Lungenentzündung. An Lungenentzündung. Alle? Alte Frauen, Kinder, die kräftigen jungen Männer. Alle? Die Leichen wurden kremiert, die Kleidung verbrannt. Den Angehörigen stellte man frei, die Urnen mit der Post entgegenzunehmen. Tausende sollten diesem Terror bereits zum Opfer gefallen sein.

Mit Schaudern erinnerte sich Anna an die Plakate: »Volksgenosse, Du hast die Pflicht, gesund zu sein.« Es gab kaum etwas Gefährlicheres, als in der »Erbkartei« des Gesundheitsamtes registriert zu sein. 1935 war eine weitere Registrierung hinzugekommen, den »Nürnberger Gesetzen« geschuldet. Jüdische Mitbürger wurden darin mit dem Stempel »J« ausgesondert. Anna dachte an ihre Freunde Bertha und Konrad, und wie immer bangte sie um Konrads Leben.

Das Lautsprecherauto der Polizei riss sie aus diesen Ängsten. Es fuhr durch ihre Straße und verlangte, sie solle Eimer für Sand zum Löschen von Brandbomben bei Luftangriffen bereitstellen. Werden wir unser Haus, unser Zuhause, damit für euch retten können, ihr lieben Kinder?

»Ich muss nach Dettingen«, beschwor Anna eine Woche später Albert beim Abendbrot. »Du weißt, die Tochter der Rosenbaums ist auch in Birmingham.« Albert seufzte, wusste aber, wenn Anna sich etwas in den Kopf setzte, konnte keiner sie davon abhalten. Und so saß sie am nächsten Tag im Zug, auf dem Weg zu einem großen Dorf nordöstlich von Reutlingen, in das ihr Vater 1901 versetzt geworden war und wo auch ihr Bruder Emil Lehrer gewesen war. Direkt vom Bahnhof aus eilte sie durch den regennassen nebelverschleierten Wald in einen kleinen Nachbarort, saß bei einer jüdischen Mutter am Tisch, die Nachricht von ihrer Tochter aus der Zeit des Bombardements auf Birmingham hatte, ließ sich deren Brief vorlesen, wog jedes Wort und fragte sich, warum Sigrid sich nicht meldete. Sie konnte doch über Schweizer Freunde Nachricht geben oder über Pauline in Baltimore!

Am 28. Februar konnte sie endlich in ihr Tagebuch schreiben: »*Jubel, Glück, Dankbarkeit, Freudentränen!*« Sigrid hatte einen Jungen namens Michael geboren. War das nicht ein Wunder in diesen Zeiten? Nun hatte sie ihre zwei englischen Enkelkinder. Würden sie sich eines Tages nicht nur verständigen, sondern auch verstehen können? Eines schönen und fernen Tages, an dem es gleichgültig war, welcher Nationalität ein Mensch angehörte, an dem man nicht nur Erdenbürger, sondern auch Weltbürger sein durfte? Anna träumte über dem Tagebuch.

März 1941

»Frau Maier ist Nationalsozialistin und fromm und lässt die Mädchen jeden Tag vor Unterrichtsbeginn beten oder betet selbst.« Albert lief mit großen Schritten um den Esstisch. »Darüber regte sich ein Teil der Klasse so auf, dass sie sich weigerten, die Hände zu falten.« Albert demonstrierte das Verhalten der Mädchen. Streckte die Arme aus, spreizte die Finger. »Du weißt ja: Ein Deutscher betet nicht!«
Anna wusste es nur zu gut. Jeden Ansatz von Glauben und Ehrfurcht versuchte die Partei auszuradieren. Statt Christentum Germanentum, statt des Kreuzes Jesu das Hakenkreuz, Sonnenräder, Sonnwendfeiern, man könnte stundenlang weiter aufzählen.

Alberts Kollegin wurde außerdem von ihren Schülerinnen angeschwärzt, sie habe im Weltanschauungsunterricht gesagt, *Adolf Hitler sei ein schlechter Schüler gewesen. Ja, er sei sogar sitzen geblieben.* Albert war wirklich echauffiert, also verbiss sich Anna ein Lachen. Der göttliche Führer ein schlechter Schüler! Die Frau musste naiv sein, oder sie hatte starke Nerven. Nur so konnte man ihre Verteidigung verstehen: »*»Und trotzdem ist der Führer der größte Baumeister Europas geworden.*«« Ob ihr das allerdings helfen werde, stehe in den Sternen, beendete Albert seine Ausführungen.

Anna, die sich stets um die Erziehung ihrer Kinder zu freien, demokratisch denkenden Menschen bemüht hatte, hasste das Regime für die Beeinflussung der Jugend. »Du weißt doch, mein Albert, sie wollen sie zu ›*Führernaturen*‹ erziehen, zu ›*harten*‹ *Menschen mit verschrobenem Ehrbegriff*. Sie sollen vor nichts Respekt haben, und sie sollen an nichts glauben, außer an den Führer und an sich selbst. Aber jetzt muss ich gehen, der Feuerlöschkurs wartet!«

Zwei Wochen später, es war ein Samstag, ging Anna zu dem kleinen Lebensmittelladen in der Nähe ihres Wohngebiets. Sie hatte Albert für den Sonntag einen Pudding versprochen, und natürlich hatte es die letzten Tage keine Milch gegeben. An der großen Straße bürstete eine korpulente Frau mittleren Alters heftig über eine mit Kot beschmierte Hauswand. Die Leute liefen achtlos an ihr vorbei. Anna blieb stehen.

Gestern hatte die Hitlerjugend Altpapier für die Wiederverwendung in der Wirtschaft gesammelt. Auch bei Anna. Die Frau erzählte ihr nun, dass sie den Buben durchs offene Kellerfenster zugerufen hatte: »*Ich habe heute keine Zeit, Papier für euch herzurichten. Ich habe große Wäsche!*« Da waren sie weitergezogen. Als die Frau später von der Waschküche ins Treppenhaus hochstieg, hatten sie dort alle Sand- und Wassereimer umgekippt, Sand und Wasser hatten sich über die Treppe ergossen. »Das war vielleicht eine Bescherung«, empörte sie sich. »Aber das Beste kam in der Nacht!« Mit der Wurzelbürste wies sie auf die Hauswand. »*Ich hab mich an die Polizei gewandt, aber die kann nichts machen!*« *Natürlich! Wieso auch? HJ ist doch weit mehr als Polizei*, dachte Anna und ging weiter. Das lehrte dieser Staat seine Jugend.

Mai 1941

Horst-Wessel-Lied, Fanfare, Trommelwirbel: Die *Wochenschau* im Kino zeigte lang und breit alle Vorbereitungen auf Hitlers Geburtstag im Führerhauptquartier. Anna hielt es kaum auf dem Sitz. Danach Bilder vom Balkanfeldzug. Die Wehrmacht hatte am 6. April ohne vorherige Kriegserklärung das Königreich Jugoslawien angegriffen und binnen weniger Wochen besetzt. Die Kriegshandlungen waren mit einem für die Zivilbevölkerung verheerenden Luftbombardement auf Belgrad begonnen worden. Anna sah Bilder zerstörter Straßenzüge und aufgerissener Häuser an sich vorbeiflimmern. Am 12. April war die Stadt eingenommen worden. Fünf Tage später hatten die jugoslawischen Streitkräfte kapituliert. Währenddessen überquerten deutsche Panzer bereits die griechische Grenze. Wieder ein Blitzkrieg! Dann Bilder vom Afrikakorps unter dem Oberbefehl von Panzergeneral Erwin Rommel, das in einer Großoffensive die Briten aus der italienischen Kolonie Libyen vertrieb.

Was ist das für eine Welt! Wie soll das jemals wieder gut werden? Anna konnte sich nicht in die Straßenbahn setzen. Sie musste sich bewegen, frei atmen, ihre Erregung abstreifen, lief quer durch die Stadt und hoch durch den Maiwald, den sie so liebte, in ihr Sillenbuch. Nach einer Stunde energischen Gehens fühlte sie sich besser.

Als die britischen Fliegerangriffe auf deutsche Städte weiter an Wucht zunahmen, Mannheim schwer getroffen worden war, glaubte Anna, die Deutschen begännen endlich umzudenken, es dämmerte ihnen nicht nur, dass es eine Gegenseitigkeit geben könnte, sondern sie würden es begreifen. »*Wir haben es den Engländern vorgemacht*«, sagten sie bereits. »*Sie haben nun gelernt, es nachzumachen.*« Anna hoffte, *daraus entstünde bei manchen der Mut, ihre Meinung, wenn schon nicht auszusprechen, aber irgendwie zu offenbaren, und es würde endlich aufwärtsgehen, auch die andere Seite Deutschland dürfe bald wieder gezeigt werden.*

Dann überschlugen sich die Spekulationen über Rudolf Heß. Anna hatte die Geschichte schon nachts über BBC erfahren. Hitlers Stellvertreter war am 10. Mai 1941 nach Schottland geflogen, um mit Douglas Douglas-Hamilton, dem 14. Herzog von Hamilton, den er für den Anführer der britischen Friedensbewegung und Gegner von Winston Churchill hielt, über einen Frieden zu verhandeln, und war in Kriegsgefangenschaft geraten.

Das Fenster im Arbeitszimmer stand offen, und draußen rief eine Amsel. Anna ließ die Zeitung auf die Schreibtischplatte sinken, zog die Gartenschuhe über und setzte ihren alten Strohhut auf. Hacke und Unkrautstecher standen bereit. Die Apothekerin jammerte im Garten laut vor sich hin: »*Wenn er doch tot wär! Aber es scheint, dass er lebt. So kann er alles verraten.*« Anna konnte sich ein leises Grinsen dicht über ihrem Beet mit den prächtigen Kaiserkronen nicht verkneifen. Diese Frau hatte Heß verehrt. So schnell konnten Helden heutzutage abstürzen. Als Anna hörte, wie der Apotheker beruhigend auf seine Frau einsprach, ging sie ins Haus, um in der Küche etwas Wasser zu trinken. Ihre Putzfrau werkelte dort energisch mit Lappen und Eimer. Auch deren Gedanken rankten sich um den im doppelten Sinne abgestürzten Helden, sie sah die Sache allerdings von der humoristischen Seite: »*Sicher wollte er nichts Unrechtes! Vielleicht wollte er auch nach Ägypten fliegen zu seinen Eltern und musste unterwegs notlanden.*«

Da bröckelte etwas! In der innersten Führungsriege entstanden Risse, und die Leute merkten das. Hitler hatte seine engsten Mitarbeiter nicht mehr im Griff! Anna stellte das Glas mit einem lauten Knall in den Spülstein.

II

Juni 1941

Mit zitternden Händen verpackte Anna ihr Tagebuch in Wachspapier. Es musste verschwinden. Zu viel war passiert! Alles hatte damit begonnen, dass letzte Woche ein großes Stuttgarter Kaufhaus per Annonce einen Bestand Damenwäsche angeboten hatte. Eine Sensation, an der auch Anna teilhaben wollte. Also strebte sie noch am selben Vormittag dem Tisch mit den Unterhemden zu, an dem sich bereits drei Frauen drängten. Zwei von ihnen kannte Anna vom Sehen. Sie hielten die Blicke gesenkt, aber sie sprachen leise miteinander.

»Mein Bub klagt, dass sie vor Hunger nicht einschlafen können. Es gibt nur eine dünne Linsensuppe.«

»Meiner schreibt aus Afrika, *wenn sie noch lange dort sein müssten, würden sie sich erschießen. Sie haben Durst und Hunger. Alles Essen ist voller Sand. Sie haben so viele Verluste, sie wissen nicht, wie es weitergehen soll!*«

»*Man hat uns verschwiegen, wie viele Seeleute mit der Bismarck untergegangen sind.*«

Das konnte die Frau nur aus Radio London haben! Das Schlachtschiff der deutschen Kriegsmarine war nach schwerem Gefecht mit der Royal Navy im Nordatlantik gesunken. Auch Anna hatte gehört, dass von zweitausendzweihundert

Mann Besatzung zweitausendeinhundert ums Leben gekommen waren. Die deutsche Propaganda hatte den Untergang der Bismarck als heroischen Opfergang stilisiert und gleichzeitig heruntergespielt. Die Stimmen der Frauen zogen wieder ihre Aufmerksamkeit auf sich.

»Wir Frauen bringen unsere Kinder nicht zur Welt, dass man sie abschlachtet!«

»Im letzten Krieg hat man unsere Männer zu Schanden gerichtet, jetzt macht man es noch schlimmer mit unseren Buben!«

Im Westen nichts Neues. Anna kannte den großen Antikriegsroman von Erich Maria Remarque beinahe auswendig. 1929 veröffentlicht und zum Welterfolg aufgestiegen, 1933 in die Flammen geworfen. Ein ewig gültiges Fanal. Denkmal einer Generation, »die vom Kriege zerstört wurde – auch wenn sie seinen Granaten entkam«. Nur zehn Jahre nach Erscheinen des Buchs war es wieder so weit.

»Und sagen darf man nichts! Und schreiben darf man ihnen nicht, was man denkt, und was man sie wissen lassen möchte.«

»Die, die niemanden dabeihaben, die können leicht Patrioten sein.«

Anna wusste, was sie meinte. Gestern hatte sie ein Gespräch mit der Frau des Richters am Sondergericht Warschau über Rudolf führen müssen. Sie bedauerte, dass die Engländer sich ihn *geschnappt* hätten. Was müsse er als deutscher Junge leiden, dass er nicht *mittun* konnte, damit meinte diese Frau, dass er nicht Soldat war, töten musste, getötet wurde. Anna fror. Sie hatte geschwiegen wie so oft. Gerne hätte sie über die Gesangstunden, die Reisen gesprochen, die diese Frau der Munitionsfabrik vorzog. Stattdessen hatte sie geschluckt und geantwortet, sie sei sehr dankbar, dass ihr Sohn gut behandelt würde.

Aber jetzt, hier an diesem Wühltisch, fühlte Anna sich unter ihresgleichen. Allerdings konnte sie, wenn jemand die

Frauen belauscht hatte, mit all diesen verzweifelten Müttern direkt ins Gefängnis wandern! Anna ergriff die ausgewählten Unterhemden und kramte nach den Bezugsscheinen. Dann stellte sie sich an die Kasse.

Nicht in der Stadt, sondern in ihrem idyllischen Wohngebiet, zwischen Fachwerk und Holzklappläden, geriet Anna dann tatsächlich in Gefahr. Eine katholische Nachbarin erzählte ihr dort laut und dramatisch einiges, was man nicht sagen durfte, nämlich die Geschichte von der Wirtin, in deren Gaststätte ein katholischer Frauenkranz tagte, dessen Mitglieder keinen Hehl aus ihrer Verachtung des politischen Regimes machten. Ein Kellner zeigte sie bei der Gestapo an, eine Informantin wurde eingeschleust, ein »Pater« aus Köln folgte. Als die Wirtin mit Bezug auf Adolf Hitler ausrief: »*Wenn nur in München das Löwenbräuhaus über ihm zusammengestürzt wäre!*«, zückte er seinen Ausweis und verhaftete sie und die anderen Damen. Das Vermögen der Familie wurde eingezogen, die Frau lebt nicht mehr, der Mann hat sich erschossen, ebenso der Sohn, der als Offizier an der Front stand. Die Tochter wird auch bald irgendwo verschwinden. Sippenhaft, dachte Anna mit Schaudern. Als ein Nachbar zu ihnen trat und zuhörte, wussten beide, er war politisch auf ihrer Seite. Und er hatte unter seiner plötzlich andersdenkenden Ehefrau zu leiden. Anna und die katholische Nachbarin beschlossen, sich vor ihr in Acht zu nehmen.

Als die Umgeschwenkte Tage später mit der Katholikin ein Gespräch suchte, versicherte die Anna später, sie habe versucht, sich zu entziehen, gesagt, sie wolle nicht mit der Frau über politische Dinge sprechen, und unvorsichtigerweise hinzugefügt, sie sei schon mehrfach vor ihr gewarnt worden. Die Nachbarin verlangte sofort zu wissen, von wem, und brachte Anna ins Spiel. Dass die in die Enge Getriebene dem nicht widersprach, sah die andere natürlich als Bestätigung an! Am nächsten Tag überschüttete sie Anna mit Verdächtigungen und Drohungen.

Was würde diese Frau tun? Anna war in höchstem Aufruhr. Sie dachte daran, was sie alles seit einem Jahr beobachtet und kommentiert hatte. *Nicht nur Fanatiker des Nationalsozialismus können einen an den Galgen bringen, sondern auch die Gleichgesinnten, wenn sie so unbesonnen sind.* Hier stehe ich, ich kann nicht anders, dachte sie in bester lutherischer Tradition, Gott helfe mir, Amen. Schnell schob sie das Tagebuch unter den Berg Kohlen im Keller. Ihr saß *die Gestapo im Genick.*

Sollte sie zu ihrer Schwester Gertrud nach Meßstetten fahren? Liebend gerne wäre Anna der Situation entronnen, aber sie wusste, jede Unregelmäßigkeit oder Auffälligkeit konnte sie in weitere Gefahr bringen. Und was wäre dann mit Albert? Am besten blieb sie einfach im Haus. Musste eben Isolde einkaufen gehen! Sie würde nicht vor die Türe treten, keiner sollte sie ansprechen und in ein gefährliches Gespräch verwickeln können, während dessen dann ein Mann im Ledermantel und mit tief in die Stirn gezogenem Hut seinen Ausweis zückte, um sie festzunehmen. Ihre »Tankgäste« zum verbotenen Radiohören konnte sie nicht mehr ausladen. Vielleicht wurden die Telefone überwacht. Gestern hatte sie einen Bericht aus der Zeitung ins Tagebuch geklebt: »Todesstrafe für Rundfunkverbrecher.« Auch das war eine Möglichkeit zu sterben.

Konrad und Bertha waren von Degerloch herübergelaufen und standen vor Annas Tür. Er hatte damals ihr Feuerbacher Haus entworfen. Großzügig, modern, mit Flachdach und einer Terrasse, einem Musikzimmer für Isoldes Bechsteinflügel, Zentralheizung. Nachdem Alberts Zögern der Inflation 1923 erlaubt hatte, ihr sauer verdientes Geld hinwegzuwischen wie nichts, hatte Anna 1929 mit dem Kauf eines Bauplatzes den Startschuss zum Hausbau gegeben. Ein riskantes Abenteuer, wie sich bald angesichts der Weltwirtschaftskrise herausstellte. Albert und Anna versuchten, mit Rundfunkvorträgen und einem harten Sparkurs gegenzusteuern. Les neiges d'antan – Schnee von gestern!

Trotz ihrer Angst begrüßte Anna die beiden freudig. Sie hatte das Radio wie immer in eine dicke Decke gehüllt. Jetzt drehte sie am Sucher: Da, da, da – da, da, da, da – da, drei Mal kurz, ein Mal lang, Beethovens 5. Sinfonie: »Radio London, hier spricht Radio London!«

Am Nachmittag kamen Freunde, die ihrerseits neue Nachrichten mitbrachten. Auch sie hatte Anna nicht mehr von ihrer Situation unterrichten können. Angespannt saß sie mit ihnen um den Esstisch, trank Tee und diskutierte heftig über die politische Lage. Der deutsche Angriff auf die Sowjetunion stand unmittelbar bevor, da waren sich alle sicher. Unklar blieben die Position Russlands, seine Möglichkeiten, seine Stärke. Wann würden die Deutschen angreifen?

Die Ungewissheit flog zwischen ihnen hin und her und blieb in der Luft hängen. Dann schwärmten sie von einem künftigen Deutschland, das sie mit aufbauen und gestalten wollten. Und schließlich erzählte ein ehemaliger Kollege von Albert die neuesten Flüsterwitze. Das tat er immer zum Schluss eines solchen Treffens. Anna fühlte sich dabei nie ganz wohl. Als die Freunde sich endlich verabschiedet hatten, war Anna am Ende mit ihren Nerven. Albert schloss sie in die Arme. »Mein Annerle, wenn du doch einmal etwas vorsichtiger sein könntest.« Seine Sorge, sie könne eines Tages im KZ landen, sprach er dieses Mal nicht aus. Anna wusste, sie mutete ihm viel zu.

Am Wochenende kam Gertrud mit einem vollgepackten Rucksack und einer großen Tasche von der Zollernalb herab. Anna umarmte sie herzlich. »Endlich gibt es etwas

Ordentliches zu essen!« Isolde hatte seit Annas erzwungenem Rückzug jeden Tag stundenlang Schlange gestanden, vier Stunden auf ein Pfund Kartoffeln gewartet, um dann zu erfahren, dass keine mehr da waren. Anna las in der Zeitung: »Keine Kartoffeln hamstern!« Gab es Schlägereien in der Markthalle um das bisschen Gemüse und Obst, lautete die Botschaft: »Mehr Gemüse und Obst für unsere Stadt!« Und welch wunderbare Fülle von Lebensmitteln breitete sich nun auf Annas Küchentisch aus!

Selbst Albert geriet aus dem Häuschen und schraubte ein Glas Apfelgelee auf. Auch Isolde freute sich, umarmte die Tante und dankte ihr für ihre »guten Gaben«. Wie hübsch sie aussah in dem schwingenden Blumenkleid, die Haare locker zusammengesteckt. Anna wandte sich ab und erzählte der Schwester von ihrer Angst vor der Gestapo. *»Acht Tage habe ich nicht gewagt, das Heft aus seinem Versteck zu holen. Dabei hat sich so viel ereignet.«* In den letzten Wochen waren mehrere Anthroposophen verhaftet worden, das Vermögen der Gesellschaft beschlagnahmt, die Bücher verbrannt. »Die Häscher machen selbst vor gebrechlichen alten Damen nicht halt!«

Gertrud, Sekretärin des Bürgermeisters, brachte Neuigkeiten vom Truppenübungsplatz auf dem Heuberg. *»Die SS wütet in den katholischen Dörfern. Sie zerstören die Kruzifixe in den Stubenecken der Bauern- und Gasthäuser und werfen sie mitsamt den Möbeln aus dem Fenster. Von einem Kirchturm haben sie das große Kreuz nachts runtergeholt und im Dorfteich versenkt.«* Anna setzte sich ihr gegenüber an den Küchentisch.

Die Wangen der Schwester glühten, und sie erzählte aufgeregt von holländischen und norwegischen Kollaborateuren. *»Ich wär beinah abgeholt worden, weil ich in der Amtsstube über diese liederlichen SSler geschimpft hab.«* Anna stand auf und umarmte Gertrud spontan. »Sei vorsichtig«, flüsterte sie ihr ins Ohr. »Du kannst deinen Mund genauso wenig halten wie ich.«

Am nächsten Tag, einem Sonntag, es war der 22. Juni 1941, griff Hitler die Sowjetunion an. Trotz aller Vorahnungen saßen Anna, Albert, Gertrud und Isolde erstarrt vor dem Radioapparat. Als Gertrud sich am Abend verabschiedete, holte Anna das Tagebuch aus dem Kohlenkeller, damit die Schwester es in einem sicheren Versteck verwahren konnte. Morgen würde sie ein neues Heft beginnen.

August 1941

Anna klopfte das Blatt mit der flachen Hand fest. Das Sondergericht Stuttgart hatte drei Frauen wegen des verbotenen Umgangs mit Kriegsgefangenen verurteilt, unter ihnen eine vierundzwanzig Jahre alte Ehefrau zu einer Zuchthausstrafe von eineinhalb Jahren. »Die drei ehrvergessenen Frauen wurden wegen ihres schamlosen Verhaltens auch äußerlich gekennzeichnet.« Sie wusste, den Frauen wurden zur Demütigung die Haare vom Kopf geschoren. Daneben klebte sie den Leserbrief einer Überzeugten, die sich vom Glück »schier zerrissen« fühlte, »dass wir in einer Zeit leben dürfen, in der die männlichste Führung Wunder wirkt«. *Auch an der deutschen Frau kann man verzweifeln!* Sie knallte das Heft zu.

Vom Stuttgarter Regiment, das als Teil der Panzergruppe Kleist seit Juli zwischen Schitomir und Kiew stand, kam die Nachricht von schweren Kämpfen. Viele Offiziere waren gefallen. Alberts Neffe Fritz war vermisst. Die Todesanzeigen meldeten »Verlust in stolzer Trauer« und »für den geliebten Führer gefallen«. Die Propaganda hatte den Begriff der »Kreuzfahrer« als Kämpfer gegen die »Gottlosen« erfunden. In der Wochenschau tönte das Russlandlied:

»Führer, befiehl, wir folgen dir!« Dazu waren Bilder grauenvoller Zerstörung über die Leinwand gelaufen. Am Ende das übliche Beifallklatschen. Aber – erstmals applaudierte die Mehrheit nicht! Die Apothekerin behauptete, dreihunderttausend Russen seien gefangen worden. Ihr Mann wusste am Gartenzaun: »*Wir drücken sie vollends zusammen!*«

Was blieb Anna anderes als warten und Radio London hören. Britische und sowjetische Truppen marschierten im Iran ein. Ende August tönte der Apotheker: »*Wir haben im Iran längst Truppen, die Engländer kommen – guten Morgen – längst zu spät«.* Wegen solcher Kommentare hatte Anna auch bei schönstem Wetter keine Lust, sich im Garten aufzuhalten. Sie stand morgens mit Albert auf, begleitete ihn zur Straßenbahn, wanderte ein Stück in den Wald, genoss die Stille, die frische kühle Luft, atmete tief durch und schritt weit aus. Dann flüchtete sie in ihr Haus. Beim Einkaufen drängte sich die katholische Nachbarin vor der Theke des Kaufladens neben sie. Eigentlich hatte Anna sich ja von ihr fernhalten wollen nach der letzten Erfahrung. In einem unbeobachteten Moment steckte sie etwas in Annas große lederne Einkaufstasche, während diese weiter mit dem Kaufmann über die Dinge sprach, die es nicht mehr zu kaufen gab: Wurst, Käse, saure Gurken. Zu Hause zog sie zwei Predigten des Bischofs von Münster aus der Tasche. Anna beugte sich über den ersten Text vom 13. Juli 1941. Clemens August Graf von Galen machte darin öffentlich, dass am Vortag Niederlassungen katholischer Orden von der Gestapo aufgelöst, ihre Mitglieder aus der Rheinprovinz ausgewiesen und die Häuser beschlagnahmt worden waren. »Der physischen Übermacht der Geheimen Staatspolizei steht jeder deutsche Staatsbürger völlig schutzlos und wehrlos gegenüber. Keiner von uns ist sicher, dass er nicht eines Tages aus seiner Wohnung geholt, seiner Freiheit beraubt, in den Kellern und Konzentrationslagern der Geheimen Staatspolizei eingesperrt wird.« Keiner von uns ist sicher. Recht hat er.

Es klingelte an der Haustür. Anna verbarg die Predigten in der Küche zwischen zwei großen Bratpfannen.

»Heil Hitler, Frau Haag«, pflanzte sich ein Polizist breitbeinig auf der obersten Treppenstufe vor ihr auf. »Wir müssen allen Auslandskontakten unserer Volksgenossen nachgehen. Und wie wir wissen, haben Sie davon ja besonders viele.«

»Ja«, erwiderte Anna bemüht unerschrocken, »mein Onkel ist bereits in den 1880er-Jahren nach Amerika ausgewandert. Und natürlich hatte er Kinder, und ich habe Kontakt zu denen.«

»Wenn's nur das wäre«, entgegnete der Polizist mit Unterton. Dann drängte er sich an Anna vorbei ins Haus. Sie ließ die Tür demonstrativ offen stehen, obwohl sie wusste, niemand würde oder konnte ihr helfen. Der Mann hatte sich am Esstisch niedergelassen und ein Notizbuch hervorgekramt. »Sollten Sie mich belügen, Frau Haag, wird das Konsequenzen für Sie haben. Das kann ich Ihnen versprechen.«

Er stammte aus einer alten hiesigen Bauernfamilie, seine geografischen Kenntnisse waren vermutlich begrenzt, und Englisch sprach er auch nicht. Courage, Anna, ermutigte sie sich, legte den Kopf schief und zauberte ihr charmantestes Lächeln hervor. Sie würde ihm weder die richtige Adresse von Cousine Pauline in Baltimore noch die von Sigrid in Birmingham noch die ihrer Genfer Freunde nennen. Also tischte sie ihrem Gegenüber eine Fantasieadresse nach der anderen auf, korrigierte geduldig seine Rechtschreibfehler, brachte ihn in Verlegenheit und zum Schwitzen. Der würde so bald nicht wiederkommen! Hoffentlich hatte sie ihm auch die Lust genommen, irgendetwas von dem, was er gerade in Kinderschrift in dieses Heft gemalt hatte, zu überprüfen. Vielleicht ließ er alles einfach mit dem Vermerk gut sein, er habe es getan.

Kaum war er zur Tür hinaus, zog Anna die Predigten zwischen den Pfannen hervor. In der zweiten vom 20. Juli 1941 forderte Bischof Galen die Gläubigen auf, bei allen Schlägen, die auf sie niedersausten, stark, fest und unerschütterlich zu bleiben und nach dem Wort des Petrus aus der Apostelgeschichte zu handeln: »Man muss Gott mehr gehorchen als den Menschen!«

September 1941

Anna litt vom Schreiben an einer Sehnenscheidenentzündung des rechten Daumens. Aber nicht nur deshalb fehlten ihr mit einem Mal die Kraft, der Schwung, der Mut. Tausend Kleinigkeiten fraßen ihre Zeit und Energie auf. Als sie gestern neue Bezugsmarken abholte, erklärte ihr die Frau auf dem Ernährungsamt auf ihre Frage, wie lange das wohl noch so weitergehen würde: »*Noch lange, gute Frau. Mir hat mein Chef gesagt, ich hätte eine Lebensstellung! Der Krieg wird noch lange dauern, und danach wird es keine Schiffe geben, dass man in der außereuropäischen Welt etwas kaufen könnte.*«

In der bislang größten Offensive der Weltgeschichte hatte die deutsche Heeresgruppe Nord die drei baltischen Staaten Litauen, Lettland und Estland besetzt, die Heeresgruppe Mitte auf dem Weg nach Moskau Smolensk erreicht, die Heeresgruppe Süd sollte die Ukraine erobern und Deutschland das Getreide und die Ölfelder sichern. Anna rieb sich die Augen. Briefabschriften bedeckten ihren Schreibtisch. Ein Soldat vertraute seiner Mutter an, er komme nicht wieder heim. Ein zweiter gestand seiner Frau: »*Ich bin so froh, dass unser kleines Kind ein Mädchen ist. Dann muss es später das nicht leiden, was ich leide.«* Ein dritter bat seine Mutter um Stiefel für seine geschundenen Füße. Anna wusste, am selben Tag war er gefallen. Ein vierter beteuerte, *ich kann nicht mehr töten!* Ein fünfter: *Ich werde wahnsinnig.* Die Mutter eines jungen Fliegers – von Göring persönlich dekoriert, über hundert Feindflüge nach England – hatte ihr erzählt, seine Maschine sei zerschossen worden, er habe seinen Vorgesetzten gefunkt, er könne sie auf russischem Gebiet landen, einen Rückflug in die deutsche Linie halte sie dagegen nicht aus. Der Sohn bekam den Befehl, die Maschine auf die deutsche Front zuzusteuern. Die vier jungen Männer gehorchten, stürzten ab, starben! Anna hatte ihren Zorn dem Apotheker ins Gesicht geschrien mit der Frage, ob Deutschland so viele Menschenleben übrig habe. Er antwortete ungerührt: *»Ein rechter Soldat stirbt lieber, als dass er sich gefangen gibt!«* Dieser alte Knacker, der in jeder Tasche Medikamente und Mittelchen hatte, um sein Leben zu verlängern, warum sprach sie überhaupt noch mit ihm?

Anna blickte auf ihre Hände hinab. Die zitterten vom Schreiben. Der Rücken schmerzte und ihr Kopf dröhnte. Ihr Herz blutete. Das Entsetzen drückte sie beinahe zu Boden. Selbst der Garten in seinem schönsten Herbstglanz, kleine Astern rosa und violett unter gelbem Laub, Rosensträucher mit letzten Blüten und großen hellroten Hagebutten, konnte sie nicht beruhigen.

Als sie den Briefträger hörte, rannte sie nach draußen. Später dachte sie, die Sehnsucht nach menschlicher Nähe hätte habe sie dazu getrieben, ihm Gertruds neueste Nachricht aus Meßstetten weiterzuerzählen. Dort hatten drei russische Kriegsgefangene einen Schäfer getötet, um an die Nahrung in seinem Rucksack zu kommen. Er hatte sie mit einem Messer bedroht. Zuvor waren sie mit fünfzig anderen aus dem Gefangenenlager geflohen. Einen *»Hungerausbruch«*

hatte Gertrud das genannt und hinzugefügt, »*sie essen Gras und Würmer*«. Ein Bauer brachte zwei von ihnen ins Lager zurück. Sie sagten, sie wollten arbeiten und essen. In den Arrest wurden sie in Gertruds Anwesenheit eingeliefert. Sie empfand tiefes Mitleid, ging los, kaufte einen Laib Brot für die beiden und ließ ihn durch einen Wachmann überbringen. Ein Nachbar kochte den Gefangenen Kaffee. »*Das kann uns den Kopf kosten*«, schrieb sie, »*aber ich konnte nicht anders. Jetzt sind sie in einer Baracke ohne Stroh untergebracht, mehrmals nachts werden sie geweckt, sie müssen über Hindernisse springen und werden von Hunden gejagt. Es ist ein unbeschreibliches Elend.*«

Wieder im Haus bereute Anna ihre Unvorsichtigkeit. Wenn der Postbote nicht schwieg, das wäre das Ende. *Ich bin bereit!* Aber was war mit Gertrud? Vielleicht hatte sie so viel geredet, weil ihr ein Arzt, der ein »Russenlager« betreute, vor Tagen erzählt hatte, wie schlecht die Menschen dort behandelt wurden. Die Gefangenen arbeiteten in den Rüstungsbetrieben. Frauen und Kinder mussten in der Landwirtschaft mithelfen. Alle wurden gequält, litten Hunger.

Das Grauen ist ganz nah, dachte Anna. Es umgibt uns. Auch das jetzt Niedergeschriebene war wieder lebensgefährlich, nicht nur für sie, sondern vor allem für ihre Schwester. Aber Anna war es ihrem Gewissen schuldig. Sollten sie beide sterben müssen, überlebten vielleicht diese Geschichten.

Seit dem 19. September 1941 waren Juden in Deutschland gezwungen, einen aus gelbem Stoff genähten Davidstern mit dem Wort »Jude« sichtbar auf ihrer Kleidung zu tragen. Anna starrte auf die Zeitung. Da stand »Stern des Ärgernisses«. Bereits im April 1933 hatte es erste Judenboykotte gegeben. Die SA stand Posten vor jüdischen Geschäften. Handzettel und Broschüren, Lastwagen mit Transparenten fuhren durch die Straßen. »Kauft nicht bei Juden«, »Meidet jüdische Ärzte«, »Die Juden sind unser Unglück«. Mehr als die Hälfte der in Stuttgart ansässigen Juden hatten in den darauffolgenden Jahren Deutschland verlassen. Knapp zweitausend waren geblieben. In der Nacht vom 9. November 1938 hatten die Synagogen in der Hospitalstraße und in Cannstatt gebrannt. Dann klirrten die Schaufensterscheiben der Geschäfte. Die meisten Männer wurden verhaftet und in die Konzentrationslager Welzheim und Dachau gebracht. Es gab den Judenpass mit den Zwangsnamen Israel und Sarah, Juden war die Ausreise verboten, ihr Vermögen wurde als »Judensteuer« eingezogen.

Deutschland war zu Großdeutschland geworden. Und es war nicht mehr Annas Land. Da hatte sie Sigrid Anfang 1939 geschrieben, sie werde Rudolf zu langen Ferien zu ihr schicken. Und sie schrieb, sollte es Krieg geben, wäre Rudolf besser bei seiner Schwester aufgehoben. Annas Freunde Bertha und Konrad quälten seither die Sorgen. Seine Schwester lebte mit ihrer Familie in Breslau. Er fürchtete seit Jahren um ihr Leben. Ihre Tochter Adelheid wussten auch sie in England in Sicherheit.

Oktober 1941

Anna wusste aus dem Radio: Adolf Hitler hatte den Vorstoß gegen Moskau wieder aufgenommen, aber es hatte zu regnen begonnen, und die Truppen steckten bereits im Schlamm fest. Wie so oft machte der Führer den »Weltfeind« für den andauernden Krieg mit Großbritannien verantwortlich. Der *NS-Kurier* nahm das Thema »Judenstern« erneut auf, sprach von »schlecht angewandter ›Menschlichkeit‹ gegenüber besternten Juden«. Es gebe eine Fülle von Beweisen, dass viele Leute dieses Mitleid empfänden. Der Journalist wollte alte Frauen in der Bahn gesehen haben, die ihren Stern mit der Handtasche verbargen, um sich einen Sitzplatz »zu erschleichen«. In der Ameisenbergstraße habe eine Frau einem Juden die Hand geschüttelt und gesagt, es gehöre mehr Mut dazu, den Stern zu tragen, als in den Krieg zu ziehen. Konrad besaß inzwischen einen Ausweis, der ihn als in »privilegierter Mischehe« lebend vom Tragen des Sterns befreite und ihm die Benutzung der Straßenbahn weiterhin erlaubte. Wie lange konnte ihn die Ehe mit Bertha noch vor der Deportation bewahren? Anna war aufs Höchste alarmiert.

Gegen dieses Gefühl wollte sie ein wenig Laub im Garten zusammenharken. Kaum hatte sie damit begonnen, bereute sie es. Ein weiter entfernt wohnender Nachbar gestikulierte wild, sie solle an den Vorgartenzaun treten. »Heil Hitler, Frau Haag«, Anna nickte. Er beugte sich vor und flüsterte mit dramatischem Tremolo, er habe bei einer Sitzung erfahren, *dass Russen in einem Frankfurter Gefangenlager sich gegenseitig aufäßen!* Anna stockte der Atem, obwohl sie wusste, es konnte genauso gut Propaganda gegen diese »Untermenschen« sein.

Freunde hatten berichtet, *dass russische Kriegsgefangene zu Tausenden umgebracht würden, dass man ihre Stiefel und Kleider, selbst ihre Leichen verwertete.* Anna hatte ein abgrundtiefes Grausen empfunden und gedacht: *Schlimmeres kann es nicht mehr geben. Aber im Deutschland der »großen Zeit« ist alles möglich,* setzte sie jetzt ihren Gedanken fort, während ihr Gegenüber erzählte, es habe Einigkeit darüber geherrscht, *dass man es sich einfach nicht leisten könne, den Russen mehr zu essen zu geben.* »*Warum haben sie den Krieg angefangen?*« *Wer hat den Krieg angefangen?* Anna schüttelte sich. *Ach so, natürlich die Russen!* Im Haus schwankte sie zur Toilette und übergab sich. Ich bin hilflos. Ich lebe nicht, ich werde gelebt. Das Einzige, was sie tun konnte, war, all das aufzuschreiben.

Als Albert sah, wie schlecht es Anna ging, lud er sie in ein Kirchenkonzert mit Bach-Kantaten ein. Die Menschen saßen dicht an dicht und lauschten ergriffen. Anna legte ihre Hand in die von Albert.

»Er ist mein Gott, der in der Not mich wohl weiß zu erhalten, drum lass ich ihn nun walten!«

Als die Kirchentür geöffnet wurde, erhoben sich die Ersten von ihren Plätzen. Doch der Dirigent sammelte noch einmal Chor und Orchester: »Nehmen sie uns den Leib, / Gut, Ehr, Kind und Weib: / Lass fahren dahin, / sie haben's kein Gewinn, / das Reich wird uns doch bleiben.«

Alle stimmten ein: »Ein feste Burg ist unser Gott.« Anna träumte von Einkehr und Umkehr, schwebte neben Albert zur Straßenbahn, saß an ihn geschmiegt und sah in die finstere Nacht hinaus. Da hörte sie einen der Konzertbesucher laut sagen: »*Ist doch ganz in Ordnung! Weg mit den Bestien, den Untermenschen, dem Gesindel!*« Sie blickte in ausdruckslose Gesichter und stürzte von Wolke sieben auf den harten Boden der Realität. *Man möchte eines Morgens aufwachen und wissen: Alles, alles war ein höllischer Traum.* Wie sollten die Deutschen nach diesen Jahren der Schande weiterleben können? Die ungeheizte Bahn rauschte den Berg hinauf. Mit klammen Fingerspitzen fuhr Anna über die beschlagene Scheibe. Der dunkle Wald umfing ihre Gedanken.

Am nächsten Abend folgten Albert und Anna einer Einladung christlich gesinnter Menschen, die die »*armen Soldaten*«, bedauerten, die im Falle einer deutschen Niederlage ganz umsonst versucht hätten, Helden zu sein. Tiefe Blicke. Als man einen »Kompromissfrieden« ablehnte, hatte Anna große Mühe, an sich zu halten, trotz Alberts strenger Miene. Fromme Gesichter wandten sich einander zu. »Die Soldaten nehmen den Tod doch gar nicht bewusst wahr, sie sind der Welt entrückt.« Also keine Todesangst! Da bekreuzigte sich sogar jemand! Die Gesichter verschwammen, die Stimmen verwischten, nuschelten von Opfer und höherem Himmel. Man konnte sich offensichtlich alles schönreden, wenn man nur wollte. *»Wir sind Christen – so wie Jesus sein Leben geopfert hat für die Menschen, so opfern jetzt die Millionen ihres für die Welt.«*

Jetzt reichte es! »Nein!« Anna sprang auf. »Sie opfern sich nicht, sie werden geopfert.« Man sollte überhaupt nicht mehr unter Leute gehen.

»Wie wird es sein«, fragte Anna ihre Tochter Isolde drei Tage später beim Geschirrabwaschen, *»wenn die Scham aufzuleben beginnt, wenn dieses ganze Blutvergießen zu Ende ist? Werden die Leute wieder klar denken können?«* Isolde fuchtelte energisch mit dem Küchenhandtuch: *»Nichts wird sein. Keiner von denen wird sich schämen! Die, die dazu fähig sind, schämen sich heute schon«*, sie sah ihrer Mutter tief in die Augen. *»Die anderen? Ich bin frei von jeder Illusion!«*

Vor einer Stunde hatte ein Kommilitone von Isolde seinen Malzkaffee aus der Tasse getrunken, die Anna gerade in der Hand hielt. Der schmale schüchterne Junge *»durfte«* jetzt bald wieder am Kanal *»dabei sein«*. Auf Annas Frage, wie er die Situation dort einschätze, hatte er geantwortet, er könne nicht verstehen, dass die Engländer noch keine Invasion gemacht hätten. Dann biss er in sein Brot mit Apfelgelee. *»Die Deutschen dort sind wenige, und diese wenigen haben zwar Gewehre, aber keine Patronen. Und die Flieger sind alle im Osten.«* Ja, dachte Anna, warum handeln die Engländer nicht endlich? *»Einmal ist eine Spitfire so tief über unseren Lastwagen geflogen, dass wir uns alle geduckt haben, denn wir hatten mächtig Angst. Man ist da nämlich gleich tot oder sonst was.«* Große blaue Augen blinzelten hinter runden Brillengläsern. *»Wir konnten den Piloten sehen, aber er hat komischerweise nicht geschossen. Entweder er hatte auch kein Pulver oder auch Angst,* *wie wir!*« Sein zweites Fronterlebnis war eine Blinddarmoperation in einem Lazarett, neben einem Bahnhof und einer Fabrik. »*Der Komplex wurde bombt. Und da krümmte ich mich unwillkürlich in meinem Bett ganz klein zusammen, obgleich das lächerlich sinnlos ist. Aber was macht man nicht aus Angst für blödes Zeug.*« Ein Kind, dachte Anna entsetzt.

Nach dem Abwasch schrieb sie einen langen Brief an Sigrid und Rudolf ins Tagebuch. Sie erzählte, jeden Tag gehörten ihre ersten und letzten Gedanken ihnen, sie bete für sie. Anna sorgte sich vor allem um Rudolf. Hatte er Schuldgefühle wegen seiner Rettung? Sie war so erleichtert, dass er dem Grauen des Kriegs entkommen war. Vor Kurzem hatte sie von zwei jungen Soldaten gehört, die nicht mehr an die Ostfront zurückwollten. Die Eltern redeten ihnen zu, da gingen die beiden in ihr Zimmer und erschossen sich. Albert steckte den Kopf zur Tür herein, und Anna legte den Füllfederhalter auf die Tischplatte: »Die Hofers sind da.« Schnell weg mit dem Tagebuch hinter eine Buchreihe im Regal!

Anna fuhr sich durch die Haare und strich ihren Rock glatt. Eigentlich kannten sie das Ehepaar nicht so gut, dass es unangemeldet erscheinen konnte. Hatte das einen besonderen Grund? Gut, dass sie bereits alle Fenster vorschriftsmäßig verdunkelt hatten. Nach einigen höflichen Einleitungsfloskeln und einem Schluck Most ergriff Friedrich Hofer das Wort: »*So viel wird man hoffentlich gelernt haben, dass man den Frauen nach dem Krieg keine politische Freiheit mehr gibt!*« Er wollte sie provozieren. Frauen waren per Parteiprogramm der NSDAP von allen Leitungsfunktionen ausgeschlossen. »*Die ganze Bewegung war zunächst doch eine rein männliche Angelegenheit*«, antwortete sie und dachte an die Aufmärsche, das Stiefelknallen, die Uniformen. Sie, Anna, hatte alle Bekannten, insbesondere die Frauen, beschworen, diesen Adolf Hitler nicht zu wählen. Vergeblich. Also vernichtete sie ihr Material von der Internationalen Frauenliga für Frieden und Freiheit, als sie verstand, dass sie lange in einem Land leben würde, das diese Werte nicht nur nicht tolerierte, sondern verachtete und bekämpfte. Am 10. Mai 1933 brannten die Bücher. Anna würde dafür eintreten, dass sich künftig beide Geschlechter die Regierung teilten. Sie starrte den Besucher furchtlos an: »*Auf jeden Fall: Vor dem Weltkrieg hatten die Frauen kein Wahlrecht, und der Krieg kam doch! Waren auch hier die Frauen schuld?*«

November und Dezember 1941

Der November 1941 begann in Sillenbuch mit eisiger Kälte und dickem Nebel. Eine Freundin, deren Sohn bei minus zwanzig Grad Celsius vor Moskau stand, hatte Anna geschrieben: »*Wann endlich wird Gott sprechen? Oder ist der so früh eingetretene Winter sein erstes ernstes Wort?*«

An der Wand im Kaufladen hing ein Plakat mit einem Offizier der Luftwaffe. Dekoriert mit dem Eisernen Kreuz Erster Klasse, einem Verband um den Kopf, den rechten Arm in der Schlinge, die amputierte Hand verbunden, heischte er um eine Spende fürs Winterhilfswerk. »Und Dein Opfer fürs WHW?« Der Sohn von Annas Bruder Eugen, ebenfalls Leutnant der Luftwaffe, war im Osten verwundet worden und lag im Lazarett in Warschau. Anna hatte den Bruder nach zwei Jahren besucht. Zu verschieden waren ihre Ansichten über die Politik und das Leben. Diese Tatsache trennte sie auch von ihrem Lieblingsbruder Adolf. Von Eugen erfuhr sie, die Ärzte hätten den Verletzten mit der Begründung, die Splitter in Oberarm und Schulter arbeiteten sich von allein heraus, gar nicht operiert, sondern nach drei Wochen wieder an die Front entlassen. »*Wir dürfen diesen Krieg nicht verlieren. Wir müssen ihn gewinnen.«* Er werde selbst noch an die vorderste Front gehen mit meinen siebenundfünfzig Jahren. *»Was soll werden, wenn wir diesen Krieg verlieren?«*, sagte Eugen, als Anna sich verabschiedete. Auf dem Weg von der Straßenbahnhaltestelle zu ihrem Haus hatte sie dann eine Bekannte getroffen, die sofort in Klagen ausgebrochen war. Ihr Sohn war gefallen, aber den Führer vergötterte sie nach wie vor. *Deutsch-dumm*, hatte Anna gedacht.

Als sie in die Kälte hinaustrat, kauerte vor dem Kaufladen ein zerlumpter Mann, ganz offensichtlich ein russischer Gefangener. Anna ließ eine Brotmarke in seine Hand gleiten, und er flüsterte ihr zu, dass die armen Kerle vor Entkräftung beim Essenfassen umfielen. *Wer umgefallen sei, werde gleich gepackt und in den nebenan stehenden Güterwagen geworfen.* Ihr wurde übel, und sie fürchtete, krank zu werden. Zu Hause saß Isolde missmutig mit zwei zum Studium der Ingenieurwissenschaften beurlaubten jungen Wachtmeistern am großen Esstisch, denen sie Nachhilfe in Mathematik geben sollte. Sie kamen direkt von der Front östlich von Leningrad und riefen Anna ein fröhliches »Heil Hitler« zu. Isolde gab ihrer Mutter mit den Augen ein Zeichen in Richtung Schlafzimmer. Dort wartete Bertha auf dem Bett. Sie sprang auf und umfasste Annas Hände.

»Konrad hat recht gehabt! Freunde von uns müssen Ende November in die Messehalle auf dem Killesberg kommen. Sie werden in die Ostmark verbracht.« Ihr Mann hatte bereits vor Wochen berichtet, die Gestapo plane, in Württemberg und Hohenzollern verbliebene Juden zu deportieren. »Jetzt müssen sie weg, und alles, was sie zum Aufbau einer neuen Existenz brauchen, sollen sie mitbringen. Konrad sagt, sie bringen die Juden aus ganz Deutschland weg, immer tausend, aber wohin? Hier glauben sie, es wäre nur eine Etappe auf dem Weg nach Grafeneck.« Bertha war außer sich. Anna schloss sie in die Arme. »Du hast Konrad bis jetzt immer schützen können, Bertha. Solange er dich hat, passiert ihm nichts.« Die Freundin nickte stumm. »*Wie ein Gefangener rüttle ich an den Stäben meines Gitters*«, schrieb Anna am Abend in ihr Schulheft.

Am nächsten Tag hielt sie im Keller einen kleinen Plausch mit dem Ableser der Wasseruhr. Was so harmlos begonnen hatte, endete im blanken Horror. Der Mann erzählte, ein Verwandter, SS-Mann, habe in Polen fünfhundert Juden, Frauen und Kinder, erschießen müssen. »*Viele waren noch nicht tot, da warf man die anderen schon auf sie. Er kann einfach nicht mehr.*« Anna lehnte sich gegen die Wand. »*Und auch bei uns ist es schrecklich. Eine Frau, ich kam ebenso zu ihr wie zu Ihnen, hat sich aus dem Fenster gestürzt, als sie sie abholen wollten.*« Der Mann wischte sich die Augen. »In was für einer Zeit leben wir, Frau Haag? Sagen *Sie* es mir!«

Die Buchstaben torkelten und die Zeilen kippten nach unten. Es schien, als wollten sie der Schreiberin nicht mehr gehorchen, verweigerten die Worte, die Sätze. Aber Anna musste die Dinge festhalten. Nichts davon sollte verloren gehen. Niemals sollte ein Detail des Geschehens später beschönigt werden können. Solange sie noch die Kraft hatte, würde sie schreiben! Auch aus Sillenbuch hatten sie eine junge Frau mitsamt Töchterchen weggeschafft. Ihr Mann war längst in Amerika, und sie hatte Ausreisepapiere gehabt! »*Wohin die Armen kommen?*«

Werner durfte Tag und Nacht unangemeldet vor ihrer Tür stehen. Der Kommilitone von Albert gehörte zu ihren wenigen lebenslangen Freunden. Intellektuell und mit einem gewissen Hang zur Selbstironie war er seit 1933 ängstlich geworden, sprach in der Öffentlichkeit vom »göttlichen Führer«, glaubte sich dadurch sicher. Auch jetzt warf er seinen rechten Arm hoch und schrie so laut »Heil Hitler«, dass man es in ganz Sillenbuch hören konnte. Eine Parodie! Anna hoffte einfach, es ginge gut, und zog ihn schnell von der Treppe ins Haus. »Grüß Gott, Werner«, im Flur umarmte sie ihn. Bereits dort berichtete er, *die Tochter einer alten gebrechlichen jüdischen Dame sei mit dem Zug am 1. Dezember vom Stuttgarter Nordbahnhof aus abtransportiert worden.* Einige Frauen nahmen sich der Mutter an. Eine Nachbarin informierte die Polizei. Die Partei entschied, wenn die Frauen, deren Männer im Feld standen, die Hilfe nicht unterließen, würden ihre Unterstützungen gesperrt. Anna empfand tiefstes Mitleid: »*So lässt man also die alte Frau in ihrem Bett verkommen, und je früher sie stirbt, umso besser. Ach du mein Gott! Ist denn nirgends Hilfe?! Wenn es einen Wert hätte, würde ich mich auf den Marktplatz stellen und die deutsche Schande laut hinausschreien.*«

»Um Himmels willen, Anna, so sei doch leiser!« Werner wurde ganz bleich vor Schreck. Seine Augen huschten zur Tür, über die Wände. »Nein, Werner, hier wird nicht abgehört.« Aber er konnte sich nicht beruhigen. »Sie werden dich noch eines Tages abholen, wenn du so weitermachst.« Anna durchlitt beim Schreiben die Situation aufs Neue. Ihr Herz raste, ihr Kopf dröhnte, die Wände des Arbeitszimmers begannen, sich um sie zu drehen. Wurden die Juden weggebracht, damit sie später nicht anklagen konnten? »Ach, ich fürchte, sie kommen alle um! Wo ist Gott und sein Erbarmen?«

Anna stellte das Notenbuch ihres Vaters auf den Flügel: Vierstimmige Choralmelodien zu dem Gesangbuch der evangelischen Kirche in Württemberg, zum Gebrauch in Kirche, Schule und Haus und begann zu spielen. Ihre Befürchtungen bestätigten sich, als sie Anzeigen in der Zeitung las, die Versteigerungen jüdischen Eigentums ankündigten.

Dann glaubte Anna, ihr Kopf müsste platzen: Während der Angriff auf Moskau scheiterte und die deutschen Soldaten bei minus fünfzig Grad Celsius erfroren, hatte Japan Bomben auf Pearl Harbor geworfen und Hitler den USA den Krieg erklärt. Einen Krieg gegen die USA konnte Deutschland nie gewinnen! Und Anna konnte ihren Kindern keine Nachrichten mehr über Baltimore zukommen lassen, noch würde sie welche von ihnen auf diesem Wege erhalten. Drei Tage später las sie in der Zeitung: »Postdienst nach USA eingestellt.« Währenddessen rief die Partei zur Woll- und Pelzsammlung für die Ostfront auf. Anna, Albert und Isolde saßen bei kargen Mahlzeiten, aber unter einem wie eh und je mit weißen Kerzen und Strohsternen geschmückten Weihnachtsbaum. Ganz leise spielte Isolde die alten Lieder.

Nach den Feiertagen hüllte Anna ihr Silberbesteck in ein Tuch, steckte es in den Rucksack und hoffte auf geräucherten Speck und ein paar Würste. Der Erbhofbauer, Vater von Wilhelm, einem Schulfreund von Rudolf, ließ sich nur widerwillig darauf ein. »Wenn ihr wüsstet, was ich schon alles in meiner Scheuer hab«, grummelte er und verschwand dort. Anna und Albert blieben im Schnee stehen. Tatsächlich kam er nach einer Weile mit dem Gewünschten unterm Arm zurück. »Weil unsere Buben sich kennen!« Albert hielt den Rucksack auf, und Anna stopfte den Schinken und die Würste hinein. Ganz fest zog sie die Kordel zu und klappte den Verschluss darüber. Niemand durfte im Zug diese Herrlichkeiten riechen.

Der Bauer schwärmte inzwischen von den geplanten Neuansiedlungen im Osten. Er hatte schließlich zwei Söhne bei den Fliegern und brauchte auch einen Hof für seinen Jüngeren. Auf Annas Einwand, dass man dieses Land zuerst den Menschen wegnehmen musste, denen es seit Generationen gehörte, erwiderte er schlicht: »*Wo man hobelt, fallen*

Stuttgart, Killesberg. Vor der Deportation, November 1941

Späne.« Dann stapfte er in seinen Kuhstall. In der Tür drehte er sich um: »*Wir müssen diesen Krieg gewinnen. Die Dinge sind schon viel zu weit gegangen. Wir müssen ihn gewinnen …*«

Strickhandschuh in Strickhandschuh knirschten Anna und Albert über das harte Schneefeld. Es leuchtete und glitzerte in der Abendsonne. Der Moment zwischen Tag und Traum, dachte Anna, der einem enthüllt, was bleibt, was ewig ist. Albert schwieg.

Januar und Februar 1942

Es schneite Tag und Nacht. Der Apotheker verkündete beim Gehwegräumen: »*Seit Brauchitsch weg ist, sind im Osten vollends alle Hemmungen gefallen. Alle, vom Unteroffizier aufwärts, werden bei Gefangennahme sofort erschossen. Alle Juden, Frauen und Kinder, erledigt.*« Auf seine Schippe gestützt, schob er sich die Wollmütze etwas aus der Stirn und fügte hinzu: »*Wenn man sich das vom menschlichen Standpunkt aus überlegt, kann man innerlich nicht mehr mitgehen.*« Anna warf eine Ladung Schnee gegen ihren Gartenzaun. Die landete direkt vor den Füßen der Frau eines Sonderrichters. »Heil Hitler!« Ihr Gatte habe es in Polen nur zehn Wochen ausgehalten, erzählte sie. Jetzt hatte er Urlaub, und sie hoffte, dass er wieder hier angestellt würde. »*Die Kost, die Unterkunft, die Umgebung waren derart enttäuschend. Und ringsum Seuchen, Fleckfieber und nun die Erfrierungen.*« Und was ist mit den vielen Todesurteilen?, dachte Anna erbittert und schaufelte weiter Schnee, damit sie diese Frau nicht ansehen musste.

»*Es ist eine Schande, dass nicht gesorgt wurde für unsere Soldaten.*« Sie ging einfach nicht weiter. Anna hätte ihr inzwischen gerne den Schnee ins Gesicht statt vor die Füße geworfen. Stattdessen musste sie mit anhören, dass Brauchitsch die Schuld daran trug, dass Millionen Soldaten erfroren. Also Generalfeldmarschall Walther von Brauchitsch war schuld, nicht Hitler. *Wieder einmal fein gefädelt, Joseph Goebbels,* dachte Anna. Ihre Gemüsefrau hatte weinend erzählt, dass sie ihrem Sohn zwei Mal Handschuhe an die Ostfront geschickt hatte. *Er habe bis heute keine bekommen.* Andere Mütter klagten, die Söhne schrieben, *ihre Finger- und Fußnägel seien schwarz und fielen ab, aber sie dürften nicht ins Lazarett*. In der Straßenbahn hatte ein Vater neben einem Hauptmann, gepflegt und wohlgenährt in einem pelzgefütterten Mantel, völlig die Fassung verloren, als ihn eine Bekannte nach seinem Sohn an der Ostfront fragte: »*Heim will er, nichts als heim. Drei Jahre steht er draußen. Heim wollen sie alle!*« Anna hatte das Schlimmste befürchtet, aber nichts geschah! Niemand rief nach der Polizei! Dagegen war eine Sillenbucherin seit zwei Monaten verschwunden, weil sie zu einer Frau, die gejammert hatte, weil ihr Sohn in Russland war, gesagt hatte: »*Den Krieg hätten wir nicht gebraucht.*« Die Jammernde ging hin und zeigte sie an. Die Gestapo holte sie ab. Eine andere hatte letzte Woche bei der Parteileitung erscheinen müssen, weil sie »*die armen Soldaten*« gesagt hatte.

Anna nickte kurz in die Richtung Frau Sonderrichter und stapfte in ihren Vorgarten, zog das Gartentor zu, stellte die Schneeschippe neben den Hauseingang und schloss die Tür. Isoldes kriegsbegeisterter Noch-Ehemann hatte sich angekündigt. Sie fürchtete sich vor diesem Besuch.

Kaum hatte Anna ihre Überschuhe abgestreift, klingelte es an der Haustür Sturm. Heute sammelte die NS-Frauenschaft Leintücher und Bettwäsche. Den Gasthäusern hatte man ihre Wäschebestände bereits letzte Woche abgenommen. »Unsere Männer liegen in den Lazaretten auf Stroh«, keifte die Nazisse Anna an, als sie ihr den Stapel aus der Hand riss, so als sei das Annas Schuld.

Anna lag mit Wärmflasche, Socken und Schal im Bett, hustete und nieste unaufhörlich. Immer wieder hatte sie den letzten Brief von Sigrid gelesen, aber Rudolf war seit dem Kriegseintritt der USA wie verschollen. Bei den Worten des Führers im Berliner Sportpalast bekam sie einen so heftigen Schweißausbruch, dass sie sich spontan kuriert fühlte. Zwei Tage später berichtete Thomas Mann aus dem amerikanischen Exil, dass über achthundert junge holländische Juden zu Giftgasexperimenten nach Deutschland gebracht worden seien. »*Ich weiß, dass, auch wenn wir den Krieg verlieren, ich keine Heimat mehr hier haben werde. Alle Illusion ist weg.*« Jetzt rede ich schon wie Isolde, dachte Anna und klebte unter diesen Satz einen Zeitungsbericht über ein junges Mädchen aus Stuttgart ein, das sich bei Goebbels beschwerte, so viele Frauen liefen noch in Pelzmänteln umher, manche Juden versteckten ihren Stern, und verlangte, dass überhaupt kein Jude mehr in der Straßenbahn fahren durfte.

»Frau Haag, Frau Haag«, die Putzfrau erschien vor der Terrassentür. Sie hatte ihre Arbeit bei den politisch zerstrittenen Nachbarn beendet und wollte noch gerne bei Anna durchwischen. Während sie mit dem Schrubber rumorte, erzählte sie, dass die jetzt regimetreue Nachbarin, deretwegen Anna ihr Tagebuch im letzten Juni zwei Wochen im Kohlenkeller hatte verstecken müssen, sich wieder einmal um ihren Neffen an der Ostfront gesorgt habe. Das kannte Anna bereits. Auch die Putzfrau hatte das Lied schon zigmal gehört und ein unwilliges »*Herrschaft nochmal! Dann sollen sie doch Schluss machen! Entweder man ist SS-Soldat und begeistert und tut mit oder man macht Schluss!*« dazwischengeworfen. Daraufhin hatten alle im Zimmer geschwiegen.

Dann hatte die fünfzehnjährige Tochter gesagt: »*Schluss machen? Das kann der Führer nicht! Der Führer hat den Engländern so und so oft die Friedenshand hingestreckt! Man hat auch seinen Stolz! Jetzt sollen sie ausfressen, was sie sich eingebrockt haben.*«

Nach dieser Rede blieb es wieder still. Vor allem der Vater, ein Gegner der Nationalsozialisten, musste schweigen. Er durfte seine Tochter aber nicht kritisieren, sonst denunzierte sie ihn beim BDM.

»Da habe ich verstanden, dass ich einen Fehler gemacht habe«, fügte die Putzfrau in höchster Aufregung hinzu.

»Also habe ich schnell gesagt: ›*Ich habe gemeint: Alle, alle sollen Schluss machen! Auch die Engländer und Russen!*‹ Hat das genügt?« Sie stellte Anna diese Frage immer wieder. »Ich hab eine solche Angst, die kriecht mir in alle Knochen.«

Anna sah das Bild vor sich: vier Personen in einem Raum, eingefroren in Misstrauen. Sie schrieb die Geschichte auf.

Zwei Wochen später flatterte ihr Füllfederhalter eilig übers Papier: »*Die Gestapo wütet! Wer weiß, wann sie bei uns Einlass begehrt. Lebt wohl, Kinder!*« Ein ehemaliger Zivilrichter war wegen einer leisen Kritik am »Durcheinanderregieren« von Stadtverwaltung und Partei ins Gestapo-Gefängnis in der Wilhelm-Murr-Straße gebracht worden. Was würde ihr, Anna, erst passieren, wenn sie ihre Aufschriebe fänden?! Sie hatte ihren Gefühlen niemals Zügel angelegt, inzwischen so viel über die Soldaten an der Ostfront und den Umgang mit russischen Kriegsgefangenen zusammengetragen, also »Wehrkraftzersetzung« begangen, an die Stellen über die Juden wollte sie lieber nicht denken. Also, weg damit! Anna versteckte das Heft hinter einem großen Holzstapel im Garten.

Isolde bestand trotz diverser Schikanen ihre Prüfung für das Lehramt. Vielleicht war die Scheidung nur noch eine Frage der Zeit. Anna organisierte Waschmittel und Nahrungsmittel, stopfte Kleidung und Strümpfe, fuhr durch halb Stuttgart, wenn sie von einem Schuster gehört hatte, der die alten Winterstiefel noch einmal besohlen würde. Eine große Müdigkeit stieg währenddessen in ihr auf. Die sah sie auch in Claras Augen. Die alte Freundin war noch dünner geworden, bei dem Fettmangel kein Wunder. Aber sie litt auch anderen Mangel! »Ich habe mit dem Leben abgeschlossen«, flüsterte sie. »Aber nein«, versuchte Anna wie immer, Zuversicht zu verbreiten. »Es wird nun bald, bald geschehen. Die Engländer und Amerikaner werden landen.« Clara ließ sich nicht überzeugen. »*Ach, sie haben uns nun schon so lange warten lassen! Viel zu lange.*« Anna nahm ihre Hand und legte sie an ihre Wange. »Du wirst sehen, Clara, wir beide schaffen das. Wir müssen!«

April 1942

Eines Morgens schwankten magere russische Zwangsarbeiter aus dem Waldheim unter den Kohlesäcken auf ihren Schultern. Im dunklen Keller steckte Anna ihnen eine Schachtel Zigaretten zu und verteilte selbst gebackenes Brot. Die verrußten Gesichter verzogen sich zu einem scheuen Lächeln. Über den Köpfen ging die Putzfrau jammernd auf und ab. Ihr Neffe war gefallen. Seine Eltern hatten sich jeden Bissen vom Mund abgespart, damit er studieren konnte, und der Junge war Ingenieur geworden. Nun weinte die Mutter, der Vater schäumte vor Zorn und warf seiner Schwester vor, sie könne sich in seinen Kummer gar nicht hineinversetzen. Die hatte gekontert: »*Wer hat denn Hitler gewählt, du oder ich? Wer hat sein Bild noch immer an der Wand hängen und sogar mit Blumen bekränzt, du oder ich? Ihr seid schuldig.*« Nachdem sie das vorhin erzählt hatte, schnäuzte sie sehr heftig die Nase, aber sie blieb bei ihrer Meinung.

Draußen klapperte der Briefkasten. Schnell rannte Anna die Kellertreppe empor. Sie war seit Kriegsbeginn fixiert auf dieses Geräusch. Mit fahrigen Händen öffnete sie den Kasten. Wieder nichts von Rudolf! Nur eine Karte von Gertrud. Die Enttäuschung riss ihr beinahe den Boden unter den Füßen weg. Seit Amerikas Kriegseintritt im Dezember hatte sie keine Nachricht von ihrem Sohn.

Anna hatte die Zeitung auf dem Tisch liegen lassen. Ihr Blick fiel nun auf eine lange Liste Namen zum Tode und zu

Zuchthaus Verurteilter. Der Grund: Tauschhandel, Schleichhandel, Schwarzschlachtung, Hamstern. Sie legte Gertruds Postkarte daneben, die ihr kryptisch verschlüsselt mitteilte, dass fünfundzwanzig Eier in einem circa dreißig Kilometer entfernten Dorf auf sie warteten. Das hob ihre Stimmung; später versuchte sie, Albert zu überreden, am Karsamstag dorthin zu radeln. Albert war skeptisch. »Wenn sie uns anhalten, was dann?« Anna wollte in diesem Falle sagen, sie besuchten eine kranke Verwandte. »Wir haben da keine Verwandten«, gab Albert zu bedenken. »Dann improvisieren wir eben«, schlug Anna vor und lächelte ihn aufmunternd an.

»Und wenn sie uns auf dem Rückweg schnappen? Mit fünfundzwanzig Eiern?« Anna schlug vor, sie sollten getrennt fahren. Jeder mit einer Aktentasche, in einem gewissen Abstand, dann würden sie vielleicht nur einen anhalten, und der hätte dann nur zwölf oder eben dreizehn Eier dabei. Mit dieser Milchmädchenrechnung war ihr Mathematicus tatsächlich zu überzeugen!

Albert bestand auf möglichst einfacher Kleidung und krempelte, was er sonst nie tat, die Ärmel seines Hemds hoch. Wohl war ihnen beiden bei diesem Abenteuer nicht. Anna radelte die ganze Zeit über in der vorderen Position. Albert wäre liebend gern umgekehrt. Durch Städte und Dörfer fuhren sie getrennt. Doch sie begegneten vielen Menschen, ganz offensichtlich in gleicher Mission unterwegs. Einzelne alte Männer, junge Mädchen, Paare, Familien.

Dann, oh Freude, waren es dreißig, nicht fünfundzwanzig Eier, die sie sicher nach Hause brachten. Die lagerte Anna in einem Steintopf mit Salzwasser im Keller. Zwei allerdings gönnten sie sich fürs Osterfrühstück. Man musste seine Nerven stärken, wann immer es möglich war. Anna dachte kurz über die Möglichkeit nach, Hühner zu halten, verwarf sie dann aber leider wieder.

Im Kaufladen sagte ein Mann nach den Feiertagen: »*Bald ist es so weit, dass sie die Arbeiter mit Maschinengewehren in die Fabriken treiben müssen.*« Auf den Einwand des Kaufmanns, er solle an die tapferen Soldaten an der Front denken, sagte er nur: »*Die Soldaten sollen Schluss machen, wenn sie ihre Heimat lieb haben.*«

Während Anna in der Rundfunkzeitschrift blätterte und so interessante Artikel las wie: Aus Altem wird Neues. Wie koche ich ohne Fett?, kam Albert erzürnt aus seiner Ludwigsburger Mädchenschule zurück. Eine Kollegin hatte im Lehrerzimmer lang und breit von einer Osterpredigt geschwärmt. Der Pfarrer habe so tröstliche Worte für die vielen gefallenen jungen Männer gefunden. Ihr jetzt so jäh unterbrochenes Leben entfalte sich im Jenseits zu Höherem. Anna war entsetzt, die Geschichte noch nicht zu Ende. »Sie wollte dann doch tatsächlich in einer Klasse ein Buch aus der ›Systemzeit‹ benutzen, also der Weimarer Republik«, wunderte sich Albert über die Kollegin. Das durfte sie aber nicht, denn darin stand ein Gedicht von Heinrich Heine. »Darüber, dass sie der Klasse das Buch auch nicht für eine Stunde aushändigen durfte, regte sie sich dann schrecklich auf.«

»*Sie können nicht lockerlassen*«, erwiderte Anna, und sie dachte an Isoldes Telefongespräch mit der Schulbehörde. Die Tochter sollte nur unter Vorbehalt ins Beamtenverhältnis übernommen werden. Die Untersuchungen zu ihrem politischen Vorleben seien noch nicht abgeschlossen, dabei hatten die Schulen nur die Hälfte der Lehrer, die sie brauchten. Sie gab ihrem Mann einen Kuss, und er zog sich in sein Arbeitszimmer zurück. Dann trat sie ans Fenster.

Anna konnte das Haus sehen, wenn sie aus dem Küchenfenster ins Tal hinabsah. Dort war einem Ehepaar der Sohn in Russland gefallen. Die beiden Jahre zuvor hatte er in Frankreich der Musikkapelle angehört. Ein fröhlicher, freundlicher junger Mann. Letzten Sommer hatte die Mutter die Sauerkirschen am Baum hängen lassen für ihn, wenn er auf Heimaturlaub käme. »Er mag sie doch so!«, hatte sie Anna ein ums andere Mal zugerufen, während sie, um die Früchte für den Sohn zu bewahren, Silberpapierstreifen in die Zweige knotete oder die Vögel selbst vertrieb. Anna beobachtete es über Tage, und ihr wurde das Herz schwer wegen Rudolf.

In welcher Verfassung mochte die Frau jetzt sein? Von den Russen hatte sie immer als »*Schlamper*« gesprochen. Die sollten gefälligst ein bisschen Rücksicht nehmen auf ihren Buben, die »*Schlamper*«. Der Dialekt kennt keine Worte für das, was uns geschieht, dachte Anna, drehte sich weg vom Fenster und ging in den hinteren Teil des Hauses. Dort warf die Sonne letzte kleine Lichtsprenkel auf den Dielenboden, der Bechsteinflügel schimmerte schwarz. Im Esszimmer standen Kirschblütenzweige in einer Vase auf dem Tisch. Anna stieg die Treppe zu den Schlafzimmern empor. Sie öffnete die Tür zu Rudolfs Zimmer. Der Schrank mit seinen Kleidern, das Bücherregal, der Schreibtisch.

Was für eine glückliche Zeit hatte mit Rudolfs Geburt begonnen! Albert hatte sich von den Strapazen des Kriegs erholt und eine Anstellung als Studienrat an einem Gymnasium in Nürtingen erhalten, einer Kleinstadt im Vorland der mittleren Schwäbischen Alb. Anna dankte Gott für dieses Kind und zitierte Jean Paul. Die meisten Einträge in ihrem damaligen Tagebuch drehten sich um Rudolf. Sie sprach mit Albert und den beiden Mädchen fast nur über ihn. Warum sollte sie daraus nicht eine Geschichte machen oder ein Tagebuch, veröffentlicht in einer Zeitschrift oder Zeitung.

Ein wundervolles Foto entstand: Anna im Garten, umgeben von ihren drei Kindern. Die beiden Mädchen in hellen Kleidern und mit sorgfältig geflochtenen Zöpfen. Rudolf, gerade ein Jahr alt, wendet sich leicht mürrisch zum Fotografen, und Anna lacht in die Kamera, lacht das Leben an, lacht Albert an, der fotografiert. Sie verfasste nicht nur das Tagebuch einer Mutter, sondern auch weitere kleine Fingerübungen und verkaufte sie an mehrere Zeitungen. Von einem Honorar von fünfundzwanzig Schweizer Franken erwarb sie eine gebrauchte Schreibmaschine.

Das Glücksgefühl hatte sie nie vergessen. Sie war vierunddreißig Jahre alt, und sie begann, richtig zu schreiben und damit Geld zu verdienen! Sie ignorierte alles, was man in dieser kleinen Stadt von einer Frau in ihrer Position erwartete, ging mit ihren Kindern im Neckar baden und saß am Schreibtisch, statt den Putzlappen zu schwingen. Als böse Zungen behaupteten, sie schüttle die Sonntagsstrümpfe am Montag zum Fenster hinaus, anstatt sie zu waschen, veröffentlichte sie darüber eine Glosse im *Nürtinger Tagblatt*. Außerdem rief sie die Frauen auf, sich gegen den Wahnsinn moderner Kriegsführung zu stemmen, schließlich waren sie in der Mehrheit und konnten politisch etwas bewirken. Nebenher tippte sie Alberts philosophische Dissertation: Das Verhältnis der Relativitätstheorie Einsteins zur Philosophie der Gegenwart mit besonderer Berücksichtigung der Philosophie des Als Ob, mit der er 1924 in Wien promoviert wurde. Als die Weimarer Republik 1926 dem Völkerbund beitrat, atmete sie auf. Ein Jahr später wechselte Albert im Herbst auf ein Jungengymnasium in Feuerbach, sie zogen dorthin und traten der SPD bei. Mit den Rädern brachen sie zu unvergesslichen Ferien auf. Annas erster Roman *Die vier Roserkinder* erschien.

Rudolf hatte den Raum noch nie gesehen. Anna strich versonnen über den gestreiften Frotteebademantel und fühlte sich mit einem Mal sehr, sehr einsam. Das Jahr 1933 hatte alles verändert. Albert konnte nur noch über Politik sprechen, empörte sich, verzweifelte, übersah die Probleme der Kinder, übersah Anna. Als er im November eine Rede zum Heldengedenktag halten musste, machte er die Grausamkeiten des Weltkriegs zum Thema, wurde suspendiert und schließlich an eine Mädchenschule nach Ludwigsburg strafversetzt. Als der Kollege, der Albert denunziert hatte, dort Schulleiter und damit sein Vorgesetzter wurde, kaufte Anna das Auto, damit Albert nicht jeden Tag mit diesem Mann in der Bahn reisen musste. Mit Lederhauben auf dem Kopf, Brillen im Gesicht, die drei Kinder auf dem Rücksitz, die mit Ausnahme Rudolfs keine Kinder mehr waren, fuhren sie durch die Welt; Anna mutig und schnell, Albert so langsam, dass die Kinder sich beschwerten: Wochenend und Sonnenschein! Trotz allem.

Dann rückte der Krieg unaufhaltsam näher. Anna schickte Rudolf nach England. Sie und Albert verkauften das Feuerbacher Haus und zogen sich in ein kleineres nach Sillenbuch zurück. Der Ort versprach Ruhe und Abgeschiedenheit. Nazis, natürlich würde es die in der Siedlung geben, hatten sie gedacht, aber wo gab es die nicht? Keiner konnte ihnen entkommen.

Wann würde sie Rudolf wiedersehen? Oder würde er zurückkehren, und seine Mutter wäre tot? Die Erinnerung hatte sie geschwächt. Anna setzte sich auf die oberste Treppenstufe und verbarg ihr Gesicht in den Händen. Es war, als stürzten die Mauern des Hauses über ihr zusammen und begrüben sie. Zum ersten Mal schien ihr Haus sie im Stich zu lassen. Am nächsten Tag las sie in der Zeitung: »*Bei uns in der Heimat hat einfach niemand das Recht, die Nerven zu verlieren.*«

Mai 1942

Eine halbe Stunde nach Mitternacht saßen Anna und Albert in der Dunkelheit an ihrem großen Tisch. Feuerblitze zuckten, Motoren heulten. Dunkles Grollen, Explosionen. Das Geschirr klapperte im Schrank. Zwei Stunden lang.

»*Das nennt man männliche Kultur*«, sagte Albert. »*Es sind auch viele hysterische Weiber dabei*«, sagte Anna.

Am nächsten Tag packte, räumte und schleppte sie alle wichtigen Dinge in den Keller. Stuttgart wurde bei Luftgefahr zur Tarnung eingenebelt, was aber war mit Sillenbuch? Panische Angst um ihr kleines Haus ergriff sie. Es konnte jederzeit bei einem solchen Angriff zerstört werden. Die Soldaten hatten im nahen Wald hundertdreißig Brandbomben gefunden. »*Das Menschenleben hängt heute an einem Fädchen*«, schrieb Anna in einer Arbeitspause. Am Nachmittag erfuhr sie, es war ein englischer Luftangriff auf Zuffenhausen und Cannstatt gewesen. In der darauffolgenden Nacht folgte ein Bombenabwurf über dem Kräherwald. Anna und Albert kauerten im Keller, zitterten und froren.

Jeden Tag trug Anna nun Kleider und Kissen, Decken und Wäsche zwischen dem Keller und den Schlafzimmern hin und her. Treppauf, treppab. Die Zeitung bereitete sie auf die Einquartierung Bombengeschädigter vor. Kein Radio London, keine gehamsterte Wurst, kein Ei mehr verstecken. Anna würde nichts mehr ihr Eigen nennen oder auch nur eine Stunde allein sein können. Sie würde ihr geliebtes Haus nicht mehr für sich haben! Wie sollte sie dann diese Zeit überstehen? Immer öfter fühlte sie sich, als ginge sie vorsichtig tastend über *morastiges Gelände*. Aber da war kein Halt. Sie machte sich leicht, versuchte zu schweben und sank doch bei jedem Schritt tiefer. Sie würde untergehen. Sie war verloren.

Bald wird es so weit sein, dass ich nicht mehr vorwärtskomme, dachte Anna resigniert. *Die Beine stecken fest, der Rumpf sinkt ein, dann die Arme. Die gräuliche Feuchtigkeit erreicht die Lippen, dringt in die Ohren – aus ist es!* Würde sie noch einen letzten Laut von sich geben? Sie durfte Albert um keinen Preis etwas von diesen Angstzuständen erzählen. Noch nie hatte er erlebt, dass ihre Zuversicht sie verließ. Anna wusste, sie war die Stärkere von beiden.

»Heil Hitler, Volksgenossen!« Am Abend saß sie neben ihrem Mann, während der Luftschutzwart seine Mahnungen mit großem Pathos vortrug. Strikte Verdunkelung war Pflicht, sonst drohten schwerste Strafen. »Bei Zuwiderhandlung gefährden Sie nicht nur sich, Sie gefährden in erster Linie andere!« Dann gab er einen Bericht über das, was bei den letzten Angriffen geschehen war. Bei einem hatte es zehn Tote und vierunddreißig Verletzte gegeben.

»Auf jeden Fall müssen Sie bei Alarm sofort in den Keller. Lebensmittelkarten und Kleiderkarten mitnehmen! Wer in seinem Haus umkommt, ist selber schuld.« Gleichzeitig forderte der Luftschutzwart alle paar Minuten einen Rundgang durchs Haus, um nach Brandbomben zu suchen. »*Es ist Ihr Haus, das abbrennt!*« Das war doch alles paradox.

Nach diesen Untergangsszenarien entschloss sich Anna, einen ehemaligen Schulkameraden von Rudolf zu besuchen. Wolfgang war drei Jahre älter und inzwischen Unteroffizier und Flieger, noch nicht eingesetzt, sondern als Beobachter an der Front. Angriffsflüge auf die Insel wären praktisch unmöglich, beantwortete er Annas Frage. Der Vater saß gebeugt und stumm am Küchentisch, er hatte den Kontakt zu diesem Sohn verloren, das sah Anna deutlich. Die Mutter köchelte und briet und schaffte. Aber nichts war dem Sohn recht. Nein, wenn er nicht mit Anna sprach, nörgelte er herum.

»Die Gestapo arbeitet auch in Gefangenenlagern in Kanada.« Anna weigerte sich im Stillen, an eine solche Gefahr zu glauben. Wolfgang fügte hinzu, auch die Soldaten hätten Weisung, alle zu beobachten und nach dem Krieg darüber zu berichten.

Hatte der Besuch sie getröstet, ermutigt? Wohl kaum! Zu Hause stellte Anna einen Strauß weißer Narzissen vor Sigrids Foto. Ihre Tochter liebte deren zarten Duft über alles.

Tagsüber erzählte der Apotheker von Gasmunition, *»für den Fall, dass die Russen ...«*. Am Abend forderte Lindley Fraser auf BBC zum wiederholten Mal, die Deutschen sollten sich endlich ihrer Tyrannen entledigen. In Stuttgart wurden gerade fünfundzwanzig Menschen hingerichtet. Also offener Widerstand, aber wie? *Mit dem Schürhaken? Dem Teppichklopfer? Dem Spazierstock?* Lächerlich! Was also konnten, sollten sie tun? *»Nichts«*, antwortete ihr ein gleichgesinnter Freund. *»Nichts als vorsichtig sein. Es ist noch nicht Zeit.«*

Lange hatte sie geglaubt, Menschen wie Fraser könnten sich in ihre Lage hineinversetzen. War das richtig? Selbst in seinen dunkelsten Tagen hatte er mit Sicherheit weitaus glücklicher gelebt als Anna und Albert seit nunmehr fast zehn Jahren. Bislang waren sie unversehrt geblieben in ihrem Häusle am Waldrand. Aber jetzt, in dieser Sekunde, fühlte sich Anna, *als lebte sie am äußersten Rand des Erdballs.* Zwei gegen den Rest der Welt. Lange Zeit hatte der Satz auf sie zugetroffen, aber jetzt!? *Wie leicht konnte sie das Gleichgewicht verlieren und in die Unendlichkeit hinausstürzen.* Gab es einen Gott, der sie hielt? Warum sagte dieser Gott dann nichts zu den furchtbaren Dingen, die um sie herum und auf der Welt passierten? Waren ihm die Menschen gleichgültig geworden, auch die, die diese Gewalt und Willkür verabscheuten?

Anna klammerte sich an die Tischplatte und schob ihre Füße über den Teppich. Vor und zurück, vor und zurück. Wieder fühlte sie keinen Grund mehr unter sich. Sie wusste nicht, wie lange diese Schwermut sie gefangen gehalten hatte. Plötzlich tauchte sie wieder auf, ging an ihren Schreibtisch und notierte in ihr Tagebuch: »*Wer von uns Anti-Nazis seinen Verstand nicht verlieren will, braucht schon allein dafür viel Kraft.*«

Juni und Juli 1942

Die Spannung, keine Nachricht von Rudolf zu erhalten, wurde mit jedem Tag unerträglicher. Andere hatten Nachrichten von ihren Lieben aus Kanada. Warum sie nicht? Anna glaubte schließlich, dass ihr Leben jeden Sinn verlöre, käme der Sohn nicht zurück.

An einem unschuldig schönen Sommerabend konnte Anna ihre Angst für kurze Zeit vergessen und lief beschwingt wie ein junges Mädchen mit Albert hinaus in die Natur. Gemeinsam mit Isolde hatte sie die Forderung der Frau des Sonderrichters zurückgewiesen, sie solle sich beim Frauenarbeitsdienst melden. Dann hatte sie vom englisch-russischen Bündnis gehört und einen Dankchoral gespielt. Der glückliche Blick ins Tal endete abrupt mit der Entdeckung, dass vier Kilometer Luftlinie entfernt eine Flakstation errichtet worden war. »Auf die Flak müssen die Engländer zielen!«, sagte Albert düster. Und wieder sorgte Anna sich um ihr Haus.

Die nächsten Tage verbrachte sie am Radio. Birmingham war am 26. Juni bombardiert worden, sie zitterte um Sigrid und ihre Kinder, während um sie die Siegeszuversicht aufblühte. Dann Rommels Vorstoß auf El-Alamein am 30. Juni.

Würden Engländer und Amerikaner durchhalten können? Oder würde Ägypten, der ganze Nahe Osten den Deutschen in die Hände fallen? Der Apotheker ängstige Anna weiter mit einem angeblich bevorstehenden Gaskrieg. War das eine Anspielung auf den Mai 1915? Die Russen hatten damals keine Gasmasken gehabt und waren zu Tausenden gestorben. Eigentlich waren sie beide ja alt genug, um zu wissen, wovon er sprach.

In der Straßenbahn saß eine schwarz gekleidete junge Frau, an der Hand ein kleines verängstigtes Mädchen. »*Ich bin froh, dass ich nur ein Kind habe*«, sagte sie mit deutlich rheinischem Akzent. »*Ist Ihr Mann gefallen?*«, wollte eine Schwäbin wissen. »*Ja, und meine beiden Schwäger! Und mein Bruder hat keine Beine mehr und statt Händen nur noch Stummel.*« Die junge Frau stammte aus Rheydt bei Dortmund und war mit ihrem Kind nach Stuttgart evakuiert worden. Inzwischen waren die Zeitungen voll des Lobes über die Bewohner der Bombenstädte im Rheinland. Zu Beginn des Kriegs hatte Göring geprahlt, er wolle Meier heißen, wenn auch nur eine Bombe auf das Rheinland falle. »*Meine Wohnung ist weggeblasen. Sie wissen hier ja überhaupt noch nicht, was der Krieg ist*«, sagte die Witwe mit dem Kind an der Hand.

Beim Umsteigen traf Anna eine frühere Haushaltshilfe: »*Elend und Jammer. Keiner will mehr nach Russland!*« Inzwischen war sie Krankenschwester in einem Lazarett. Die an der Ostfront verwundeten Soldaten erzählten, das sei kein Krieg, das sei ein Morden. »*Sie müssen Tausende auf einem Platz zusammentreiben und dann Handgranaten auf sie werfen. Das ist doch Mord. Wer da nicht wahnsinnig wird …*«

Als Anna endlich die Wohnung einer Freundin aus der Frauenliga erreichte, herrschte auch dort eine düstere Stimmung. Ihr Schwiegervater hatte sich beim Schreiner ein Bücherregal bestellen wollen. Keinen Span, sagte er, dürfe der für etwas anderes verwenden als für Särge. »*Ich muss achthundert Särge herstellen. Unser Oberbürgermeister sorgt weise vor!*« Die Stimme des alten Mannes zitterte vor Bitterkeit.

Im Briefkasten lag endlich ein Brief von Rudolf, aber das wusste Anna noch nicht.

III

Oktober bis Dezember 1942

Ein falsches Wort – und es drohte eine Denunziation bei der Gestapo. Heute hatte eine Frau um die sechzig Anna an der Straßenbahnhaltestelle Bezugsscheine für Schuhe unter die Nase gehalten. »Meine Füße sind so mager geworden! Das ist mein einziges Paar, und das schlappt. Wissen Sie, wo ich noch welche ergattern kann?« Anna wusste es nicht. *»Ein Hundeleben ist das«*, empörte sich die Frau. *»Was muss man alles entbehren und schweigen. Nirgends ein Lichtlein. Wenn man nicht religiös wäre, hätte man gar keinen Halt mehr. Wozu denn dieser Wahnsinn?«* »Vorsicht«, flüsterte Anna ihr zu, denn drei Schritte entfernt stand eine junge Frau, der sie misstraute. »Oh, ich kenne meine Leute«, wandte sich ihre Gesprächspartnerin argwöhnisch gegen sie. *»Aber wie ist eigentlich Ihr Name? Ihnen sieht man von Weitem an, dass man Ihnen nicht trauen kann.«*

Nach einer Offensive der Engländer in Ägypten am 23. Oktober in der zweiten Schlacht um El-Alamein ließ Anna alle Vorsicht fallen, rannte quer durch den Garten und überbrachte ihrem Lieblingsnachbarn, dem alten Herrn Uhlmann, die frohe Botschaft in einem harmlosen Gespräch über späte Birnen. »Ja, ja«, sagte der, »besser spät als nie!« Er hatte verstanden. Am nächsten Tag versuchte der Apotheker natürlich, das Ganze zu relativieren: »Unser Rommel hat die Herren Engländer provoziert. *Nun lässt er sie anrennen und sich verbluten. Dann aber schlägt er zu, und zwar gewaltig.*«

Gleichzeitig nahmen Gerüchte um einen Waffenstillstand mit Russland zu. Anna war zutiefst misstrauisch. Alles sprach dagegen. Typisch Goebbels! Damit das Volk den Kriegswinter übersteht.

Am 4. November: Endlich! Rommel zieht sich aus Afrika zurück! Sie setzte sich ans Klavier und spielte den Choral »Nun danket alle Gott mit Herzen, Mund und Händen, der große Dinge tut an uns und allen Enden …« Die Geschehnisse mussten zu einem schnellen Kriegsende führen, das Leben war bald nicht mehr zu ertragen, es bestand nur noch aus Entbehrungen, und ihr Schreiben brachte sie in Lebensgefahr. »*Eine Denunziation, eine Hausdurchsuchung, und schon wäre ich meinen Kopf los.*« Aber das war jetzt nicht der Moment. »Nun danket alle Gott …«

Abends machten Störungen im englischen Sender den Empfang weiterer Nachrichten über Afrika unmöglich. Doch Annas Hochstimmung hielt an, über Tage. Ihre Augen brannten, das Blut rauschte in ihren Adern. Sie hoffte, hoffte, hoffte. Albert mahnte sie immer wieder zur Ruhe. Das zehrte an ihr.

Am Sonntagvormittag radelte Anna zu Werner nach Degerloch. Der Freund konnte nur Mittelwelle empfangen, also England nur nachts hören. Sprudelnd berichtete sie ihm, dass hunderttausend amerikanische und britische Soldaten in Marokko und Algerien gelandet waren. Und der sonst so eingeschüchterte Werner vergaß einmal alle Vorsicht und hüpfte in seinem Wohnzimmer vor Freude herum wie ein junges Böcklein. Ein Mann von sechzig Jahren! Anna war begeistert. »*Das ist der Anfang vom Ende*«, jauchzte er.

»Komm mit raus«, bat er sie. »Ich wollte gerade meine Hasen füttern.« Sie folgte ihm, und jeder Stallhase bekam zur Feier des Tages eine doppelte Portion Kartoffeln.

Zu Hause traf sie sich erneut mit Herrn Uhlmann am Zaun. Er beugte sich vor und zog eine Jahresbilanz zuungunsten Hitlers, glaubte aber, dass es noch Jahre dauern werde, bis Deutschland den Krieg verlöre. *Er ist so sehr an Enttäuschung gewöhnt*, dachte Anna.

Am 15. November läuteten in London die Siegesglocken. Anna weinte und wunderte sich über diesen Gefühlsausbruch. Früher waren die Tränen ihr leicht in die Augen gestiegen, doch in den drei Kriegsjahren war sie hart und härter geworden. Sie hatte geglaubt, überhaupt nicht mehr weinen zu können.

»Warum weinst du denn, Mama?« Isolde steckte den Kopf durch die Zimmertür und wedelte mit einem Brief. Anna gestand, es waren Freudentränen. »Ich hab auch positive Nachrichten aus Österreich! Die Musikhochschule.« Es war ihr nach einem komplizierten Hindernislauf tatsächlich gelungen, eine Anstellung in Linz für die Zeit nach dem Zweiten Staatsexamen zu erwirken, weg vom Ärger mit ihrem Ehemann um die Scheidung. Anna wusste, ihre Tochter, inzwischen zweiunddreißig Jahre alt, hoffte auf ein neues Leben. Sie wünschte es ihr von Herzen.

»Ich muss dir noch vom Schulungsabend gestern erzählen«, Isolde nahm einen neuen Gesprächsfaden auf. »Es ging wieder heftig gegen die ›deutsche Menschlichkeit‹. Stattdessen Heldenpathos, als Gebot der Stunde, wie das einer Mutter, die beglückt darüber war, dass, nachdem ihr Ehemann gefallen ist, ihr Sohn es nicht erwarten kann, an die Front zu kommen.« Anna seufzte. »Die Rednerin schmähte bei der Gelegenheit alle Mütter, die die Lehrer bitten, ihre Söhne durchfallen zu lassen, damit sie noch nicht einrücken müssen.« Isolde funkelte ihre Mutter wütend an. »Und das Beste war, die Damen brauchten fast alle bei dieser rührenden Geschichte ein Schnupftuch.« Anna freute sich wieder einmal, dass sie so viel Zeit allein in ihrem Haus verbringen konnte.

Am Nachmittag saß dann Werner vor ihr und verweigerte die angebotene Schale Apfelkompott. Er sprach perfekt Russisch und hatte für eine Zwangsarbeiterin ein Dokument übersetzt, das sie bei ihrer Einstellung im Haushalt von Bekannten unterschreiben musste: »Da stand, sie darf nicht mit am Tisch essen, nicht einkaufen, nicht mit den Kindern sprechen, wird mit dem Tod bestraft, wenn sie mit einem Deutschen verkehrt, mit einem Russen oder Ausländer droht Zuchthaus oder KZ. Dabei war die Frau krank! Auf der Kasse verweigerte man ihr den Einweisungsschein für die nötige Blinddarmoperation. ›Wo wir keine Betten für unsere deutschen Kranken haben, eine Russin herzubringen!‹, haben die gesagt. Was sagst du dazu, Anna?« Sie wird sterben, wie so viele, dachte Anna voll Trauer.

Beim Luftangriff am Abend des 22. November harrten Albert und Anna wieder einmal angstvoll in ihrem Keller aus. Sie hörten die todbringenden Flugzeuge über ihr Dach hindonnern. Die Wände erzitterten. Wird es uns mitsamt dem Haus wegfegen?, fragte sich Anna und fürchtete sich davor, dass am 29. Dezember die Rache für den Angriff auf London im Vorjahr kommen könnte.

Als Richard Crossman über BBC einen dramatischen Appell an die Deutschen startete, sich doch endlich gegen den Massenmord an den Juden zur Wehr zu setzen, rief Anna laut: »Nichts lieber als das!« Vor Kurzem hatte sie die Erlebnisse eines Verwandten in Polen erzählt bekommen. Dort seien Juden von der SS aus der Stadt getrieben, umstellt und beschossen worden: Männer, Frauen und Kinder. Am nächsten Tag wurden die Lebenden in offene Viehwägen gebracht. Sie mussten die Arme hochhalten. Dann wurden die Leichen emporgeworfen, landeten auf den Händen der Lebenden. *Wohin wurden sie gefahren? Wurden sie alle getötet? Und wenn, wie? Elektrisch?* Die umstehenden Soldaten, auch der Verwandte, seien gelähmt gewesen vor Entsetzen und davongerannt. Anna glaubte, sie müsste den Verstand verlieren, dennoch würde sie sich alles bei nächster Gelegenheit von dem Verwandten selbst erzählen lassen.

Unter ihren Bericht klebte sie einen Zeitungsausschnitt über Luzk: »Jetzt sind sie fort – Geblieben aber ist noch das Ghetto, schweigend, verlassen, eine Stätte so unvorstellbar, dass keine Feder sie darzustellen vermag ... eine Kloake des Untermenschentums.« Wie bei allen Informationen über die Massaker im Osten glaubte sie, alle Kraft ströme aus ihrem Körper. Was also tun? *In die Markthalle gehen und von der Brüstung hinunterrufen: »Judenmörder!«* Sie wollte nicht sinnlos sterben. Die paar Menschen, die zufällig dort wären, würden ihr im Stillen vielleicht recht geben, aber keiner würde die Hand erheben, um sie vor einer Festnahme zu schützen. *Es wäre eine Tat ohne die geringste Wirkung.*

Anna ging zwar wieder in die Markthalle, betrachtete Gemüse und Obst, durfte aber von den Auslagen nichts kaufen. Sie ging weiter zum Hauptbahnhof, um sich die Bombenschäden anzusehen. Sie sah junge und alte Zwangsarbeiter aus aller Herren Länder Balken schleppen, Mörtel tragen. Zwei, an ihren Baskenmützen als Franzosen erkennbar, forderte sie in ihrer Landessprache auf, langsam zu machen. Die beiden grinsten sie freundlich an. »Du wirst im KZ landen, Anna, und zwar bald!« Albert legte das Besteck neben den Teller, er war außer sich. Anna ebenso. »Was erwartest du von mir? Dass ich mich nur noch im Haus verkrieche? Dass ich blind, taub und stumm werde?«

Die Stimmung in den nächsten Tagen war bedrückt, so lange, bis Isolde mit einem Stapel Weihnachtskarten nach Hause kam und lachend erzählte, ein Wehrmachtsoffizier habe im Laden ausdrücklich Karten mit Christbaum, aber ohne den Führer verlangt. Da stimmte selbst Albert in ihr Gelächter ein und nahm Anna wieder in die Arme. Ja, dachte Anna, vielleicht ist in absehbarer Zeit wirklich wieder einmal Weihnachten. Auf BBC hörte sie, dass Papst Pius XII. in seiner Weihnachtsansprache derer gedacht hatte, »die ohne eigenes Verschulden, manchmal nur aufgrund ihrer Nationalität oder Rasse dem Tod oder fortschreitender Vernichtung preisgegeben sind.«

Januar 1943

Es war Zeit, die Eltern von Rudolfs Schulfreund zu besuchen und zu hamstern. Albert war so schrecklich dünn geworden. Er musste dringend mehr essen. Also ab auf den Erbhof! Allein mit ihrem großen Rucksack im Abteil ließ Anna die weiße Landschaft an sich vorbeiziehen. Sie war eine begeisterte Skiläuferin und dachte sehnsuchtsvoll an die vielen Winterurlaube in Österreich oder im Allgäu. Statt einer Skiwanderung – die Bretter waren an der Ostfront – hatte sie am Neujahrsmorgen mit ihrer jüngsten Schwester Helene und deren Mann Kräutertee getrunken und Kuchen gegessen, dem sie den Namen Christstollen gegeben hatte. Ihr Schwager aß ihn mit Behagen, klagte über die »allmähliche« Sinnlosigkeit des Kriegs und fragte: »*Warum vermittelt der Papst denn nicht Frieden?*« Außerdem hatte er Angst, dass nach dem Krieg alle Deutschen in den Osten transportiert würden. *Und dass jeder ein Schild um den Hals tragen müsste, auf dem stand: »Deutscher«.*

Nachmittags war Anna zu Clara gefahren. Sie umarmten einander und tranken Ersatzkaffee aus den schönen Tassen. Anna blickte sich um und genoss wieder einmal die gepflegte Bürgerlichkeit. Clara jedoch wollte unbedingt über Politik sprechen. Also erzählte Anna, dass der Apotheker bei der Neujahrsgratulation von U-Booten geredet hatte. »U-Boote, U-Boote! Die andere deutsche Hoffnung: Japan. Außerdem sei die Zeit auf deutscher Seite. Er hörte sich an wie das Orakel von Sillenbuch.« Wieder einmal hatte Anna das Gefühl, sie stochere mit der Stange im Nebel. »U-Boote«, Clara schnaubte durch die Nase. »Davon reden sie doch immer dann, wenn etwas schiefgeht.« Und sie goss Anna eine weitere Tasse ein.

Anna hätte beinahe vergessen, aus dem Zug zu steigen. Nun sprang sie mit einem Satz auf den Bahnsteig und stapfte zum Hof von Wilhelms Eltern. Der Bauer erzählte von seinen Söhnen, der eine in Südrussland, der andere in Finnland. Er konnte Anna längst nicht so viele Lebensmittel mitgeben wie in den Jahren zuvor. »Danke«, sagte sie, nachdem sie die kleine Wurst, das kleine Stück Butter und den Bund Rüben im Rucksack verstaut hatte. »In der Zeitung steht, die ›Totalität des Krieges‹ verlange, dass wir noch auf manche Dinge verzichten müssen. ›*Noch* einfacher wird unser Leben, *noch* härter tritt die Zeit an uns heran. Was vor dem Kriege war, kommt nicht mehr.‹« Der Bauer knurrte nur verächtlich.

Bei ihrer Rückreise war es bereits dunkel. Russische Zwangsarbeiter stiegen zu; zerlumpt, die Hosen und Jacken zerschlissen. Anna blickte von einem zum andern. Alle sahen elend und todtraurig aus. Sie trugen große Eimer, mussten wohl Essen fassen für ein Lager. Zwei setzten sich Anna gegenüber und starrten auf den Boden, standen nicht auf, als sich der Wagen mehr und mehr füllte. Feine Damen und Herren mussten stehen. Anna bewunderte den Mut der beiden Männer und registrierte, dass niemand im Abteil sich gegen sie auflehnte. Wilhelms Mutter hatte ihr Brotmarken gegeben. Die Russen schickten sich an auszusteigen. Im Bahnhof ging das Licht im Waggon aus. Blitzschnell legte Anna die Brotmarken auf den Deckel des Eimers und stieß einen der Männer mit dem Fuß an. Er nahm die Karten an sich und ging wortlos hinaus. Keiner im Abteil hatte bemerkt, was diese dünne grauhaarige Frau getan hatte.

Ihr linker Backenzahn plagte Anna seit Wochen. Endlich hatte sie einen Termin beim Zahnarzt und lag im Behandlungsstuhl. Die Helferin sprudelte nur so über. Sie sprach von Afrika, Russland, den Italienern, den Amerikanern, von ihrem Verlobten, Ingenieur, verletzt und damit kriegsuntauglich. Der Zahnarzt konzentrierte sich aufs Bohren und darauf, seine Assistentin zum Schweigen zu bringen. Vergeblich. Bis vor Kurzem war sie Führerin im Reichsarbeitsdienst gewesen. Anna dachte an den Brief eines Reserveoffiziers, der schrieb, dass er jetzt führen müsse. Alle höheren Offiziere seien gefallen. Er habe ein verwundetes Knie und trage ungeheure Verantwortung. Ihre einzige Hoffnung seien die Junkers-Flugzeuge, die Lebensmittel abwürfen. Da war Anna schlagartig klargeworden: Die deutsche Armee war bei Stalingrad eingeschlossen! Das wussten auch die Frauen, bei denen Anna um die Mittagszeit ihre Milch an der großen Straße holte. Vorgestern hatten sie wild durcheinandergeredet: »*Eingeschlossen. Stalingrad. Ultimatum abgelehnt. Nicht schlafen können die ganze Nacht.*« Anna hatte den offiziellen Wehrmachtsbericht in ihr Tagebuch geklebt: »Deutschland steht in ehrfurchtsvoller Bewunderung vor den Taten seiner Männer an der Ostfront.« Daneben hatte sie zornig »*Kommentar überflüssig*« geschrieben.

Stalingrad, Winter 1942

Sie spülte und spuckte ein letztes Mal. Die Behandlung war beendet. In der Bank, die sie als Nächstes ansteuerte, erregte sich der Schalterbeamte über die Verluste an der Ostfront: »*Müssen zweihunderttausend Menschen da krepieren, nur wegen dem blöden Prestige! Weil wir Stalingrad nicht bekommen haben – Man fasst sich an den Kopf!*« Zu Hause wartete eine Frau mit militärischen Kontakten, die Anna versicherte, alle Sorgen um Stalingrad wären unbegründet. Der russische Ring sei bereits gesprengt, die deutschen Soldaten könnten rauskommen. Na dann!

Am nächsten Morgen raunte der Apotheker, dass er viel wisse, aber nichts verlauten lassen dürfe. »Nur so viel, es geht um Maßnahmen an der Heimatfront.« Anna dachte sofort an den Frauenarbeitsdienst und ahnte Schlimmes, bis mitten in ihre Gedanken hinein die Apothekerin jubelnd aus dem Fenster rief, der Führer sei in einer Fieseler Storch über Stalingrad geflogen, um die Moral der Truppe zu stärken. Zum zweiten Mal in zwei Tagen dachte Anna: Na dann! und kratzte verbissen das Eis vom Trottoir.

Ab dem 27. Januar wurden alle Frauen zwischen siebzehn und dreiundvierzig zum Arbeitsdienst eingezogen. Anna freute sich zum ersten Mal über ihr fortgeschrittenes Alter, zog ihren abgetragenen grauen Mantel über, schlang den blauen Schal um den Hals und ging in den Garten. Wie jedes Jahr wartete sie sehnsüchtig auf die Schneeglöckchen. Endlich, die ersten Blümchen waren hervorgebrochen. Anna kniete sich in den Schnee. Würde es das letzte Mal sein, dass sie sie begrüßen konnte? Inzwischen kamen immer mehr Leute, um »Feindsender« bei ihr zu hören. Freunde erzählten es Freunden und so weiter. Anna hoffte nur, sie hielten alle dicht, war aber auch stolz. Gestern hatte einer ihrer »Tankgäste« angstvoll hervorgestoßen, ein Urlauber habe geprahlt: *»Nun beginnen wir mit dem Gaskrieg. Wir werden den Vorteil, die Ersten zu sein, doch nicht anderen überlassen. Wer anfängt, gewinnt. Sie zwingen uns dazu, Gas zu verwenden.«*

Um Anna tobte die Angst. Angst vor Nachrichten von den Kriegsschauplätzen, Angst vor Luftangriffen, Angst vor Millionen ausländischer Arbeiter. Gerüchte über Gerüchte. Nicht nur die Schulen würden geschlossen, auch Universitäten und kleine Geschäfte. Frauen und Halbwüchsige müssten in die Munitionsfabriken und an Flakgeschütze, alte Männer zurück in die Betriebe. Der Apotheker hatte darauf natürlich sein Süppchen weitergekocht: *»Man wird auch alle Frauen über fünfundvierzig auffordern, sich freiwillig zur Arbeit zu melden. Sie sollen mithelfen am Sieg!«* Wenn sie über diese Aufforderung sprächen oder sich zur Wehr setzten, kämen sie ins KZ. Er erzählte es im Ton größter Selbstverständlichkeit. Ebenso selbstverständlich war seine junge Frau von dem allem nicht betroffen. Anna pflückte die zarten Stängel mit den weißen Blütenkelchen.

Februar 1943

Am 18. Februar fragte Joseph Goebbels mit sich hysterisch überschlagender Stimme im Berliner Sportpalast: »Wollt ihr den totalen Krieg?« Die Claqueure applaudierten und brüllten »Ja!«. Dann rief der Propagandaminister die deutschen Frauen dazu auf, die Plätze der Männer einzunehmen, um sie für die Front freizustellen. Am Morgen des 3. Februar kam Herr Uhlmann aufgeregt an den Gartenzaun gerannt: »Schnell, Frau Haag, Sie müssen den Radio anmachen: Großdeutscher Rundfunk.« Anna hörte, wie das Oberkommando der Wehrmacht in einer Sondermeldung verkündete, die 6. Armee habe »bis zum letzten Atemzug« gekämpft, sei aber einer »Übermacht« und »ungünstigen Verhältnissen« erlegen. Alle Soldaten hätten den Tod gefunden. Da war sie also, die katastrophale Niederlage von Stalingrad. Drei Tage nationales Gedenken. Anna klebte seufzend einen Artikel der einstmals liberalen Frauenrechtlerin Gertrud Bäumer über »Die Rolle der Frau nach Stalingrad« aus dem *Stuttgarter Neuen Tagblatt* ins Tagebuch: »Nie erschien uns die Kraft der deutschen Männer herrlicher als in der Todesbereitschaft dieser Schicksalsstunde.« Isolde erzählte indessen vom Protest der Schülerinnen beim Thema »Stalingrad als Weltanschauungsstunde«. Die ganze Klasse hatte dagesessen wie aus Stein gemeißelt, was die Lehrerin so erbitterte, dass sie vorschlug, die Mädchen mit Arbeitsdienst in der Rüstungsfabrik zu bestrafen.

Anna drehte eine Postkarte von Clara in der Hand. Ihre Freundin war krank. Wahrscheinlich war die Tuberkulose wieder aufgebrochen. Anna schnitt die ersten Narzissen. Die hellgelben mit den großen Trompeten. »*Ich habe mit dem Leben abgeschlossen*«, flüsterte Clara zwei Stunden später matt in ihren Kissen. Anna tröstete sie wie immer. »*Nein, bald landen die Amerikaner und die Engländer.*« Doch Clara wischte diese Zukunftsträume hinweg. »*Sie lassen sich viel zu lange Zeit, viel, viel zu lange.*« Anna widersprach: Im letzten Sommer, am 19. August, waren britisch-kanadische Truppen bei Dieppe in der Normandie gelandet. Nicht erfolgreich, doch ein erster Versuch.

Am 27. Februar fand Anna eine Nachricht von Wilhelms Mutter im Briefkasten. Er war seit dem 20. Januar vermisst! Sie machte sich auf die Reise. Wilhelm war Rudolfs bester Freund gewesen. Trotz seiner Einstellung. Stolz hatte er bei der Schlussfeier der Schule im März 1939 sein Zeugnis entgegengenommen. Da war Rudolf bereits in England. Wilhelm wurde Flieger. Zuletzt über Stalingrad. An Weihnachten hatte er Anna geschrieben: »*Ich freue mich einfach, dass ich noch lebe.*«

Unterwegs wartete Anna in einem ungeheizten Wartesaal eine halbe Stunde auf einen Anschlusszug. Kaum hatte sie sich gesetzt, richtete ein älterer Mann mit Rucksack das Wort an sie. »Eine Saukälte ist das.« Anna nickte über ihrem dicken Schal. »Aber den Fahrpreis, den nehmen sie wie eh und je«, wollte der Mann das Gespräch abschließen, doch er hatte das Interesse und die Missbilligung einer Nazisse auf sich gezogen: schwarzer Herrenhut, Doppelkinn, rechthaberisches Gesicht, korpulente Statur. »*Dann müssen Sie eben nach Afrika gehen*«, mischte sie sich ein. Anna hoffte inständig, der Mann werde es dabei bewenden lassen. Doch das tat der keineswegs. »*Da kann man noch hinkommen. Wenn die Herrlichkeit noch eine Weile dauert, holt man mich auch noch mit zweiundsechzig.*« Er erntete beifälliges Kopfnicken aller Anwesenden. Dann erzählte er Anna, dass er nach dem Weltkrieg als Verwundeter in Südfrankreich in Gefangenschaft gewesen war. »Da haben sie auch vom Durchhalten geredet, *durchhalten, auch wenn es keinen Sinn mehr hat.*«

Das war Defätismus! Anna hielt den Atem an. Doch die Regimetreue sagte nur: »Wenn wir lauter solche hätten wie Sie, dann würden wir keinen Krieg gewinnen.«

»*Diesmal geht's freilich noch anders*«, konterte der Mann erneut. »*Damals hat's bloß das Elsass gekostet – diesmal kommt Preußen zu Polen, und wir werden österreichisch!*« So sprach er und stapfte zur Tür hinaus!

Dann saß Anna auf der Eckbank von Wilhelms verzweifelter Mutter und versuchte zu trösten.

März 1943

Der Sohn einer Cousine lag verwundet im Lazarett, ihr Schwiegersohn, an Typhus erkrankt, in einem anderen. Eine junge Nachbarin weinte auf der Straße, weil sie seit dem Weihnachtsurlaub keinen Brief von ihrem Mann erhalten hatte. Bei all den schlechten Nachrichten war es Anfang März schon beinahe eine heitere Ablenkung, als Isolde von einer neuen »Revolution« in der höheren Mädchenschule erzählte. Beim Aufsatzthema »*Wie wirkt der Krieg sich auf mein persönliches Leben aus?*« hatte eine Schülerin geschrieben: »*Zu alle dem Elend träume ich nachts, wir hätten das Aufsatzthema bekommen: Wie wirkt der Krieg sich …*« Es folgte ein Gespräch mit der Direktorin, die Schülerin meinte nur: »*Der Krieg ist noch nie etwas Gutes gewesen.*« Nun sollte sie aus der Schule entlassen werden.

Dann saßen Bertha und Konrad in Annas Stube und hielten sich verzweifelt an den Händen. »Die Gestapo vertreibt uns aus unserer Wohnung«, klagte Bertha. »Ja«, hakte Konrad ein, »obwohl der Mietvertrag auf Bertha läuft!« Er breitete ein langes Gespräch mit dem Beamten vor Anna aus, das in dem Satz gipfelte: »*Wenn so viel Arier keine Wohnung haben!*« Als Konrad sich wehren wollte, wurde er fürchterlich niedergeschrien. »Wir müssen in ein Zimmer in einem Judenhaus ziehen«, kam Bertha zum Kern zurück. Es war ein schwacher Trost, dass diese neue Bleibe im äußersten Zipfel des Stuttgarter Ostens noch näher bei Sillenbuch lag als Degerloch. Anna wusste, sie durfte die beiden nicht bei sich aufnehmen. Bot ihnen aber an, sie könnten kleinere Möbel und Bücher bei ihr unterstellen. Sie würde sie mit einem Leiterwagen holen. Sonst würde ihnen das alles weggerissen! Außerdem mussten sie oft als möglich zu Anna kommen und sich satt essen.

Anna unterbrach ihre Notizen und massierte die schmerzende rechte Hand. »*Drei Nächte Alarm und heute auch am Tag. Nun wurden die Abiturientinnen als Soldaten in die Flak eingereiht.*« Früher war über die »russischen Flintenweiber« gespottet worden, jetzt hatten die Deutschen sogar Kanonenweiber. Sie hatte am Zaun mit Herrn Uhlmann darüber lästern wollen, aber der war ganz anderer Stimmung gewesen. »*Ich habe mir mein Alter anders vorgestellt*: kein Weißbrot, kein Kuchen, kein Viertele, kein Ei, kein Theater oder Konzert, kein Buch, keine Nachtruhe, kein Arzt, keine Medikamente.« Ein Bekannter, sechzig Jahre alt, litt an Magenkrebs. Er hatte seinen Arzt um Weißbrot gebeten, der hatte geantwortet, Weißbrot könne da auch nicht mehr helfen, und man spare es für die, wo es noch nütze.

In der Nacht vom 12. auf den 13. März ging das erste schwere Beben durch Stuttgart. Anna, Isolde und Albert wanderten ruhelos zwischen Keller und Bett hin und her. Zweihundert

Meter von der Siedlung entfernt fiel eine Luftmine in den Wald. Ihr alter Nachbar witzelte, das sei doch ein hochanständiger Pilot gewesen, der ihre kleinen Häuser verschont habe. Werner hatte seine geliebten russischen Schriftsteller aus der Bibliothek gerettet, obwohl ein Blindgänger in seinem Garten in Degerloch lag. Der *NS-Kurier* titelte: »Immer härter – aber auch immer entschlossener.«

Annas Gedanken wanderten zu den Studenten in München, die mit Flugblättern in der Universität auf die Massenmorde an den polnischen Juden aufmerksam gemacht hatten. Am 18. Februar waren sie denunziert, vier Tage später hingerichtet worden. Wann endlich würde Hilfe kommen?

Im Ehrenhof des Stuttgarter Alten Schlosses standen hundert Särge aufgebahrt, eingehüllt in Hakenkreuzfahnen und Reichskriegsflagge. Totenwache und Ehrenformationen. Bombengeschädigte erhielten grüne Ausweise, mit denen sie sich das Nötigste beschaffen konnten. Der Bau von Luftschutzräumen sollte nun fieberhaft betrieben werden. Verunsichernd wirkte die Nachricht, dass die Vernebelung der Stadt nicht den gewünschten Erfolg gehabt hatte. Die Häuser in Annas Siedlung sollten einen Tarnanstrich erhalten.

April bis Juni 1943

Die BBC spielte »Es geht alles vorüber, es geht alles vorbei, am ersten November gibt's wieder ein Ei.« Anna hörte den Schlager beim Frühstück und war dankbar für den Beistand. Da klingelte es an der Haustür. Sie drehte das Radio ab und schloss die Schlafzimmertür.

Draußen stand Bertha: »Stell dir vor, Anna, Konrad muss jetzt Straßen kehren. Was für eine Demütigung.« Anna zog die Haustür zu, schob die Freundin auf einen Küchenstuhl und holte die letzten Blätter schwarzen Tees aus der Dose. Bertha brauchte eine richtige Stärkung. Nach vielen Fragen und verzweifelten Antworten verstand Anna, dass Bertha ihr letzte Wertgegenstände bringen wollte, deren man sie sonst auch noch berauben würde. Selbstverständlich! Sie sollten sich am besten in der Stadt treffen und unauffällig ihre Einkaufstaschen tauschen. Bertha würde die leere von Anna nehmen und Anna Berthas und Konrads wichtige Dinge nach Hause tragen. Von dort aus konnten zumindest die Papiere ins sichere Meßstetten wandern.

In der hellen Mondnacht vom 15. April 1943 trafen die Bomber das Gaisburger Lager. In den Baracken starben vierhundertsiebenundachtzig französische und russische Kriegsgefangene. Vermutlich waren sie eingeschlossen gewesen. Durch den Angriff wurden sechshundertneunzehn Menschen getötet, siebenhundertdrei verletzt, Tausende obdachlos. Für die Toten fehlten inzwischen doch Särge. Die Stimmung in der Bevölkerung sank auf einen Tiefpunkt. Anna stritt sich mit dem Apotheker: Die Engländer hätten den Luftkrieg angefangen! Wie oft hatten sie diese sinnlosen Dialoge schon geführt. Sie drehte sich einfach um und ließ ihn stehen. Gerne hätte sie ihm erzählt, dass ihre Milchfrau jede Nacht darum betete, die SS möge ihren Jungen nicht mehr zum Beitritt zwingen können, und dass die Mädchen der Abschlussklasse in Isoldes Schule sich weigerten, an Hitlers Geburtstag Gedichte zu rezitieren. Und da wäre noch die Unterhaltung dreier Flieger in der Straßenbahn, die voller Hochachtung von dem kanadischen Piloten sprachen, der den Stuttgarter Gaskessel schiefsetzte. Würde der Apotheker dann endlich einmal den Mund halten?

Natürlich erzählte Anna ihm diese Geschichten nicht, und der Apotheker sprach bei der nächsten Begegnung wieder vom bevorstehenden Sieg über England. Dabei ließ er das Wort »*Atomzertrümmerung*« über seine Lippen perlen und versetzte Anna doch wieder in Aufruhr. An dem Tag konnte sie Alberts Rückkehr kaum erwarten. Nachdem er die Aktentasche abgestellt und den Hut auf die Ablage gelegt hatte, folgte sie ihm ins Bad, wo er die Hände wusch. Sie wusste, sie störte ihn, denn vor dem Spiegel versuchte er täglich, sein Draußen-Gesicht abzulegen. Seit 1933 begann jede Schulstunde mit dem Hitlergruß, auf dem Weg dorthin und zurück musste er ihn selbst zeigen. Er deutete ihn mit der müden Geste eines alten Mannes. Wenn er sich vom Spiegel abgewandt hatte, kam er zu ihr, legte die Hände auf ihre Schultern und küsste sie auf die Wange. Das tat er auch heute. »Annerle, sollten jemals Atomwaffen eingesetzt werden, wird nicht nur England, sondern der ganze Erdball vernichtet.«

Anna rollte im Schlaf wie eine Puppe hin und her. Sie schreckte hoch. Das Haus bebte. War es von einer Bombe getroffen worden? Anna fiel die Sache mit dem Atomgeschoss ein. Der Schreck fuhr in alle Glieder. Völlig verwirrt tappte sie in Alberts Zimmer, der bereits wach auf der Bettkante saß. »Das ist ein Erdbeben, Anna, es ist gleich vorbei.« Als Albert das Haus verließ, drehte Anna verzweifelt am Radio. Die BBC schwieg. Um sieben, um acht, um neun. Mutlos schaltete sie um elf Uhr wieder ein. Wieder nichts. Sie rüttelte am Apparat und entdeckte, dass sich die Antenne gelockert hatte. Kaum hatte sie den Stift wieder eingesteckt, ertönte das Sendezeichen nach Beethovens Fünfter. Ein Erdbeben. Albert, lieber Albert! Anna weinte vor Glück. Die Alliierten drangen weiter in Nordafrika vor. Tunis und Biserta! »Nun danket alle Gott.«

Sie werkelte in ihrem Vorgarten, als der Blockwart sich leutselig über ihren Zaun hängte. Auch das noch! »Heil Hitler, Frau Haag. Na, was macht das Unkraut, wächst es?«

Anna richtete sich auf und strich sich die Locken aus der Stirn. Sollte das etwa eine Anspielung sein? Sie lächelte den Mann diffus an, so wie sie es immer tat. Mochte er doch denken, sie bastle in Gedanken gerade an einem ihrer überflüssigen Frauenromane.

Ermuntert von so viel weiblicher Harmlosigkeit erzählte er von einem Kriegsversehrten, dem die Partei nach dem Luftangriff hatte helfen wollen. »Man kümmert sich ja schließlich. Und was sagt der? ›*Ich hab ein Häusle gehabt, zerbombt. Möbel, Wäsche, Kleider, zerbombt. Zerbombt ist meine Frau, zerschmettert mein vierjähriges Kind. Alles dahin. Nur ich bin noch halb da, mit einem Bein und einem Arm. Machen Sie, was Sie wollen.*‹«

Der Blockwart schaute Anna erwartungsvoll ins Gesicht. »Und was macht der dann? Der dreht sich um und hüpft auf einem Bein zur Tür hinaus.« Nach dieser grandiosen Pointe schlug der Mann mit der flachen Hand gegen Annas Gartenzaun und ging weiter. Sie starrte ihm fassungslos nach.

Am 22. Mai 1943 klebte Anna den abgeschriebenen Brief eines Frontsoldaten in ihr Tagebuch. »*Solange wir den Führer haben, und damit einen Blickpunkt, nach dem wir uns ausrichten können, ist alles gut.*« Wie konnte ein junger Mann aus einer kultivierten christlichen Familie das glauben? Im gleichen Moment hörte sie die Gassirene. Jetzt sollte sie eigentlich die Maske anlegen, die im Flur an einem Haken hing. In der Straßenbahn hatte eine Frau erzählt, in Barmen, im östlichen Rheinland, hätten sich bei einem Luftangriff Mütter mit ihren Kindern in den Armen vor den Flammen in die Wupper geflüchtet. Die Stadt existiere nicht mehr. Dann sprachen sie von der »neuen Waffe« und der Vernichtung Englands. Leise, ganz leise. Albert hatte einen Geheimerlass unterschreiben müssen: »Wer am Sieg zweifelt, wird als Vaterlandsverräter bestraft.« Also hingerichtet.

Was ist das für ein Leben! Nichts zu essen! Sich abdackeln! Maul halten! Die Kinder nimmt man einem weg.

Während Joseph Goebbels eine anglo-amerikanische Invasion »herbeiwünschte«, um die »Burschen« endlich zu fassen, hatte die Welt begonnen, sich zu verändern: Sizilien erobert, die Offensive im Osten zusammengebrochen, stattdessen Gegenoffensive. Anna begann zu hoffen. Während sie ihr Zinnienbeet im Garten bewunderte, steuerte der Blockwart auf sie zu. Der schon wieder! »Ihre Tochter lebt ja nun nicht mehr bei Ihnen. Sie soll in der Ostmark sein, hab ich gehört.« Der Blockwart warf einen neugierigen Blick über Annas Schultern in den Hausflur. Anna machte sich so breit wie möglich und wich nicht von der Stelle, wenn er ins Haus wollte, musste er sie schon beiseiteschieben. »Sie und Ihr Mann sind jedenfalls keine Familie. Das Haus ist viel zu groß.« Aha, daher wehte der Wind! Jeden Tag stand in der Zeitung, es sei oberste Pflicht, Ausgebombte aus anderen Teilen Deutschlands bei sich aufzunehmen. »Das Haus wäre gerade richtig für Eltern mit Kindern«, schloss der Mann und kritzelte etwas in sein Notizbuch. Sie wollten ihr das geliebte Häusle wegnehmen! Ihr Rückzugsort war überlebensnotwendig für sie. Hier konnte sie frei sprechen, auf dem Flügel spielen, in ihrer Bibliothek stöbern. Sie war umgeben von den Erinnerungen ihres Lebens. Das Haus und der Garten waren eine Kraftquelle ohnegleichen. Es war ihr Schutz. Hier und nirgendwo sonst wollte sie das Ende des Kriegs erleben.

Anna wusste, sie musste handeln. Sie eilte aufs Rathaus, erzählte von ihrem Wunsch, Frauen, die ganz allein stünden, zu helfen. Am nächsten Tag standen eine Mutter und ihre Tochter vor Annas Tür. Sie kamen aus Köln, wirkten so ängstlich und kultiviert, dass Anna ihnen gern zwei Zimmer in ihrem Dachgeschoss anbot.

Es klingelte! Weg mit den Blättern! Wohin damit? Ins Gebüsch vor dem Fenster. Eine halbe Stunde später zog Anna Rudolfs Schulheft zwischen den blauen Hortensien hervor und schrieb weiter: »*War das ein Schrecken! Ein Polizist stand vor meiner Tür, Luftschutzfragen. Man muss seinen Dachboden imprägnieren lassen.*«

Juli und August 1943

Stuttgart wurde aus dem öffentlichen Bauprogramm für Luftschutz gestrichen, und die Bevölkerung musste die Initiative selbst in die Hand nehmen. Sillenbuch würde keinen großen Bunker bekommen, und die Menschen begannen mit dem Bau von fünf Pionierstollen: am Ende der Kernenblickstraße, am Braunauer Platz, in der Kolpingsiedlung, der Buowaldstraße und in der Nähe des alten Schulhauses. Wer einen Berechtigungsausweis für einen Platz dort haben wollte, musste hundertfünfzig Stunden Arbeit nachweisen. Wer zwei Plätze wollte, so wie Anna, dreihundert Stunden. Aber sie würde es schaffen. Sizilien erobert, der Zusammenbruch der Heeresgruppe Mitte im Osten. Anna hatte neue Kraft geschöpft.

In der Einführungsstunde für den Bau der Stollen saßen nur Frauen und alte Männer. Anna und Herr Uhlmann zwinkerten sich zu. Sie würden sich gegenseitig unterstützen. Auch die Frau Sonderrichter, die Frau Apotheker – alle mussten sie mithelfen. Vielleicht sogar der Apotheker höchstselbst?! Anna besah sich die Lockenfrisuren, die roten Fingernägel, die graziösen Schuhe mit den hohen Absätzen.
 Auf der Post wartete dann eine lange Schlange Leute, auch Franzosen, Zwangsarbeiter für Daimler in Untertürkheim.

Sie warteten schon lange. Alle drängten sich an ihnen vorbei. Bis auf Anna: »*Messieurs, vouz étiez ici avant moi! S'il vous plait!*« Sie dachte mit Stolz an ihren Französischunterricht beim Pfarrer in Althütte und ihre Konversationsstunden mit ihrer polyglotten Tante in Backnang. Die Franzosen freuten sich und traten zum Schalter. Anna hörte schimpfende Stimmen in ihrem Rücken: »Das sind doch Ausländer!« Sie drehte sich um: »*Aber diese Männer hier arbeiten doch für Deutschland!*« Welche Genugtuung war es, in die verdutzten Gesichter zu sehen. Anna lächelte.

Was wäre Annas Leben ohne Radio: Am 25. Juli war Mussolini gestürzt worden. Als sie davon erfuhr: raus aus dem Bett, rann an den Flügel: »Nun danket alle Gott.« Sie spielte laut und energisch, bis Albert im Schlafanzug auf der Türschwelle stand. Die Putzfrau rief aus der Küche: »*Ich möchte jetzt kein Nazi sein!*« Der Apotheker saß regungslos im Garten, ein Nachthemdzipfel hing unter der kurzen Sporthose hervor. Ein erregendes Gefühl überflutete Anna, welches sie jauchzen machte. »Nun danket alle Gott.« *Das Leben wird bald wieder beginnen. Bald.*

Mitte August kam die Apothekerin panisch zu Annas Zaun gerannt. »*Die Engländer haben schwarze Papierstreifen mit Cholera- und Typhusbakterien abgeworfen.*« Einer segelte in Annas Garten und sie hob ihn auf. Sie glaubte nicht, dass die Engländer eine Epidemie in einem Land entfachten, das sie in Kürze mit ihren Truppen besetzen würden. Tage später erfuhr sie, dass die Stanniolstreifen die Flak irritieren sollten.

Anna zog ihre festen Wanderstiefel an, band sich ein Kopftuch um die Haare, packte Johannisbeerensaft-Schorle und selbst gebackenes Brot in ihr Einkaufsnetz und machte sich auf den Weg zum Stollenbau am Ende der Kernenblickstraße. Hier und jetzt waren die russischen Kriegsgefangenen aus dem Waldheim willkommen! Typisch, dachte Anna, aber Schutz werden sie keinen finden. Die Männer schlugen das Stollenholz in Degerloch und brachten es mit dem Lkw in ein Sägewerk in Kemnat, von dort fuhren sie es nach Sillenbuch. Nach wenigen Tagen harter körperlicher Arbeit mit der Schaufel und dauernden Kontakts mit ihren Mitmenschen erschien Anna das einsame Leben in ihrem Häusle wie ein fernes Paradies, und am 21. August schrieb sie in ihr Tagebuch: »*Wie ich alles satthabe! Endlich einmal wieder sagen dürfen, was man denkt, seine Haustüre zuschlagen können vor ungebetenen Gästen, das freundliche Grinsen ablegen, sein wahres Gesicht zeigen. Gelegentlich die Wahrheit sagen.*«

September 1943

Anna war am späten Vormittag des 6. September in Stuttgart auf dem Weg in ihr Schreibwarengeschäft, als der Fliegeralarm losheulte. Sie rannte in Richtung des Bunkers vor dem Rathaus. Der erste Tagesangriff auf Stuttgart! Was für eine gespenstische Angelegenheit. Die Hastenden drängten sie mit zum Eingang. Im Bunker roch sie die Angst, hörte das Knirschen der Stahlbewehrung, wenn sich die Konstruktion unter den Detonationen bewegte, das Stöhnen der Menschen beim Pfeifen und Bersten der Bomben. Vor vier Tagen hatten die Zeitungen angekündigt, binnen vierzehn Tagen müssten alle Schüler evakuiert werden. Jetzt wusste Anna, warum. Um sich abzulenken, griff sie zu einem *NS-Kurier* von vorgestern, der auf einer der Bänke lag: »Der Führer denkt für uns.« *Wie lange noch lässt sich das deutsche Volk eine derart beleidigende Behandlung gefallen?*, dachte sie. Die Deutschen durften essen und trinken, vor allem arbeiten, aber: *Denken, bei Todesstrafe verboten.*

Nach einer Stunde taumelte Anna mit den anderen aus dem Bunker. Kleine Flugzeuge kreisten über ihren Köpfen. Die meisten Menschen duckten sich angstvoll. Anna beschirmte ihre Augen mit der Hand und blickte in den blauen Himmel. Tausende Flugblätter segelten langsam herab. Wie in einer Schneekugel. Anna hob eines von ihnen auf: »Wir werden Tag und Nacht mit vereinten Kräften kommen«.

Italien hatte kapituliert! Anna rannte zu ihren beiden Kölnerinnen ins Dachgeschoss. »So lachen Sie doch«, sagte die Mutter. »Warum weinen Sie denn?« Anna hatte es nicht bemerkt. Als Albert zurückkam, lief sie noch ein paar Schritte mit ihm in den Wald. Es war ihnen feierlich zumute. Es hatte zwölf geschlagen. »*Jetzt müssen wir nur noch die letzten fünf Minuten durchstehen*«, sagten sie.

Am nächsten Tag fragten sich alle beim Schaufeln für den Stollen, was der Führer zu Italien zu sagen hatte. Aber ... er sprach nicht. Der Stollenwart drehte am Radio, wartete und wartete. Nichts. Anna freute sich, die anderen fürchteten sich. Sätze und Gedanken bekämpften sich. »*Wird man uns aus unseren Häusern vertreiben?*« Schon möglich! »*Werden uns die Russen zur Zwangsarbeit nach Russland verschleppen?*« *Schon möglich.* »*Werden die Feinde uns nicht töten, foltern?*« *Wenn sie nach unserem Wahlspruch handeln: Wozu man die Macht hat, hat man das Recht, dann werden sie es sicherlich tun.*

Annas Putzfrau hatte am Tag der angekündigten Führerrede bei einem hochrangigen Parteifunktionär die Fenster gewienert. »Wissen Sie schon, der Führer spricht!«, rief sie dem wichtigen Mann hinter seinem imposanten Schreibtisch zu. »*Nun kommen auch Sie noch mit diesem Gerücht eines Bösewichts und Saboteurs. Alle gehört Ihr ins KZ*«, antwortete der. »*Seit gestern früh schreit alles, ›der Führer spricht‹! Warum? Nur, um hernach sagen zu können, ›seht mal an, er hat doch den Mut nicht gehabt‹.*« Die Putzfrau schwieg eingeschüchtert und polierte das Glas blanker als blank. Nachdem am Abend der Führer gesprochen hatte, stellte sie sich am nächsten Tag breitbeinig hin: »*So? Wer gehört jetzt ins KZ, Sie oder ich? Sie mit Ihrem Kleinglauben. Nicht ich als Gerüchtemacher! Umso mehr, als Sie ja das goldene Parteiabzeichen tragen und von Amts wegen alles zu glauben haben.*«

Was für eine mutige Frau doch bei mir den Boden wischt und die Möbel abstaubt, schmunzelte Anna. Leider währte diese Freude nicht lange. Drei Tage später: Mailand deutsch besetzt! Rom deutsch besetzt! Am 12. September Mussolini befreit und nach Deutschland gebracht, um an die Spitze einer Gegenregierung zu treten! Jubel und Dankbarkeit brandeten auf. Wieder rauf aufs Revers mit den Parteiabzeichen. Der Kopf des Apothekers war umrahmt von den leuchtend gelben Früchten des Quittenbaums, den Anna im Vorgarten hatte pflanzen lassen: »*Himmler hat genügend Munition für alle, die Zweifel am Endsieg zu äußern wagen.*« Seine Welt war wieder in Ordnung. *Wovon also noch sprechen*, dachte Anna. *Über »das Wetter«. Auch das kann einen den Kopf kosten, denn das Wetter hängt mit der Luft zusammen und »Luft« ist heute nicht einfach »Luft«, sondern »Luftraum«.* Am besten, sie vergaß, dass sie überhaupt sprechen gelernt hatte. Denn alles war gefährlich. Jedes Wort! Aber auch jeder Buchstabe!

Am nächsten Morgen konnte Anna sich nicht entschließen aufzustehen. Alle Hoffnung hatte sie verlassen. Ihr Tagebuch, ihre Redefreudigkeit, das Radiohören, die ständigen Dispute mit dem Apotheker. Ihre Tage waren gezählt. Eigentlich ging sie doch schon seit Jahren mit dem Kopf unterm Arm durch die Straßen. Dennoch wollte sie nicht zur Verräterin an ihren Werten und an ihrem Denken werden. Anna schwang ihre Füße aus dem Bett. Abends erzählte sie Albert von diesen Gedanken. Der sagte nur: »Schreib Gertrud, du musst ein paar Tage hier raus.«

Oktober 1943

Anna machte sich also auf dem Weg nach Meßstetten. Im Stuttgarter Bahnhof hatte sie einen einfahrenden Fernzug beobachtet. Die Fenster eines Wagens hatten Gitter statt Fenster. Plötzlich versammelten sich viele Polizisten auf dem Bahnsteig. Zwei von ihnen rissen die Türen auf: Ostarbeiter und Ostarbeiterinnen, übernächtigt, erbarmungswürdig. Sie trugen armselige Bündel auf dem Rücken.

Menschen zwischen ihrem verbliebenen Hab und Gut sah Anna auch in Meßstetten auf der Straße sitzen. Eine Familie, Koffer, Bündel und Körbe. Der Bürgermeister daneben. Anna mochte Gertruds Chef, trat zu ihm und fragte, was los sei. »Der Bauer will sie nicht ins Haus lassen«, gab der zur Antwort. »Er sagt ›Wie viele denn noch? Ich lass niemanden mehr rein‹.« Gertrud sah die Lage ziemlich finster. »Es wird demnächst Mord und Totschlag geben. Bisher richtete sich der Neid der Leute nur aufs Essen: Wer hat wie viel und woher? Jetzt, durch die vielen Flüchtlinge, geht es auch um ein Bett, einen Stuhl, einen Kochtopf.«

Am nächsten Mittag spazierte Anna über grüne Wiesen, genoss die Verfärbung des Laubwalds, die fernen Berge, das Braun der umgepflügten Äcker. Vier Rehe traten aus dem Wald. Zeitlosigkeit. Frieden. Plötzlich ein Brausen in der Luft. Am Abend hörten sie, Bomben seien auf München und Wiener Neustadt gefallen. »Selbst auf der Alb ist man mitten im Krieg«, sagte Anna zu ihrer Schwester und machte sich auf den Rückweg nach Stuttgart.

Am 8. Oktober erfolgte der nächste Luftangriff in der Stunde nach Mitternacht. Die Flak schwieg, um die Lage der Stadt nicht zu verraten. Tausende Bomben fielen in den Nebel. Anna und Albert saßen mit ihren Untermieterinnen im Keller. Mutter und Tochter erzählten von den Angriffen auf Köln. Plötzlich verdreifachte sich Annas Angst. An den nächsten Tagen wagte sie sich nicht in die Stadt, fürchtete sich vor dem Anblick der Trümmer, der toten Menschen, der Leichenteile, wo waren sie aufgebahrt worden? Und sie ängstigte sich davor, im Talkessel zu sein, wenn neue Fliegerverbände kämen.

Nach ein paar Tagen in ihrem geliebten Haus und ihrem Garten schöpfte Anna neuen Mut: Sie wollte vor dem Ausstieg aus dem Keller eine kleine Mauer errichten, die bei einem Bombentreffer den Schutt auffangen konnte und das Verlassen des Hauses ermöglichen sollte, falls es einstürzte. Weder auf dem Rathaus noch bei der Parteizentrale konnte und wollte man ihr helfen. Auf Annas Vorwurf, man solle sich schützen, aber nichts sei organisiert, reagierte man mit Achselzucken. Endlich konnte sie einer Sekretärin, die ihren Roman *Brigitte und Renate* gelesen hatte, einen Bezugsschein für Backsteine, Zement und Sand abluchsen. Anna hatte versprochen, das Buch bei nächster Gelegenheit zu signieren.

Einen Tag lang karrte Anna mit der Schubkarre Backsteine von einem hiesigen Bauunternehmer zu ihrem Haus. Sie hatte wieder ihre Wanderstiefel und Skihosen angezogen und sich ein Kopftuch umgebunden. Als sie nach einem Helfer fragte, erntete sie Hohngelächter. Um jeden Backstein musste sie feilschen. Zement bekam sie nur auf unablässiges Drängen, Sand überhaupt keinen. Nach einer Stunde taten ihr die Knie weh, nach zwei Stunden schmerzten die Arme, nach drei Stunden dachte sie, ihr Rücken bräche entzwei. Doch sie lächelte, als der Apotheker sie von Weitem anrief: »Zünftig, zünftig, Frau Nachbarin.« Sollte sie sich über solches Gerede aufregen oder gar von ihrem Projekt abhalten lassen? Sie und Albert und die Kölnerinnen sollten aus dem Keller entkommen können, falls das

Haus einstürzte. Unter dem Dach von Anna Haag würde keiner sterben, nicht in diesem Krieg!

Abends zeigte Anna Albert die Schwielen an ihren Händen, dann mussten sie zur Luftschutzübung. »Erstens: Bei Luftangriffen kann man sich nicht schützen. Es sei denn, man kann einen Stollen bauen.« Das tat Anna Tag für Tag. Zweitens, sagte der Luftschutzwart, sollte man löschen und nicht im Stollen bleiben, wenn das Haus brannte. Wie, bitte schön, sollte man das im Stollen sehen? Und womit löschen? Die Luftschutzteiche hielten alle nicht dicht. Es gab also kein Wasser. Sand gegen den Phosphor gab es auch nicht. Und es gab keine Antworten auf Annas Fragen, sondern nur eine abschließende, erstaunlich versöhnliche Ermahnung zu einem friedlichen Zusammenleben! Anna traute ihren Ohren kaum. »*Seid verträglich miteinander, verklagt einander nicht, wenn's im Nachbarhaus nach Pfannkuchen riecht. Ihr wisset nie, ob ihr einander morgen nicht braucht, um zu löschen oder euch auszubuddeln, wenn ihr verschüttet seid. Und wenn ihr sterben müsset bei einem Angriff, so sterbet in Gottes Namen anständig! Heil Hitler!*«

In der Zeitung lobte der Polizeipräsident die Alten, die Frauen, die Kinder, wie mutig und geschickt sie ihr Leben einsetzten bei Luftangriffen. Und er verkannte nicht die Schwierigkeiten. *Schwierigkeiten sind das Einzige, was wir haben*, dachte Anna. *Was wir nicht haben, sind Schaufeln, Pickel, Schläuche, Spritzen, Sand, Wasser, Helme, Kübel …*

Albert hatte Nachtwache beim Luftschutz, und Anna saß mit den beiden Rheinländerinnen in der Stube. Sie konnte sich immer noch nicht daran gewöhnen, fremde Schritte und Stimmen in ihrem Haus zu hören. Da erzählte die Tochter, wie ihr Chef im Büro das Klopfzeichen der BBC auf den Tisch getrommelt hatte. Drei Mal kurz, ein Mal lang, Beethovens 5. Sinfonie, das Zeichen des Widerstands.

Alle Köpfe erhoben sich. »Jetzt habe ich euch.« Aber er hatte sie nicht denunziert. Die drei Frauen lächelten sich an. Plötzlich waren sie einander gar nicht mehr so fremd.

November 1943

Hitler hatte gesagt, dass er kämpfen werde, wo auch immer es sein müsse. Also auch in Deutschland! Das hieß, der Überlebenskampf gegen die Brand- und Phosphorbomben verlängerte sich. *Er ließ alles verheeren, die Städte zerstören, das Land versengen, die Menschen zu Millionen opfern. Und führte dabei Gott im Mund. Warum erfolgte kein englischer Angriff auf das Hofbräuhaus?* Anna hatte heute Morgen Frau Apotheker gefragt: »Haben Sie die Rede gehört?« Sie konnte es einfach nicht lassen. »Ja«, hatte die strahlend geantwortet, *»die Vergeltung kommt, Gott sei Dank!«* Die Vergeltung gegen England war also das einzig Erwähnenswerte an der Rede. Anna zog sich wieder in ihr Häusle, ihr Schneckenhaus, zurück.

Sie musste froh sein, solange man sie nicht in eine Rüstungsfabrik zum Arbeiten holte. Eine Bekannte, zehn Jahre jünger als sie, war wegen des drohenden Arbeitseinsatzes beim Arzt gewesen. Der hatte die Brauen gehoben. Daraufhin sprach sie von den Wechseljahren. Der Arzt wischte jedes genannte Symptom beiseite. »Sie können arbeiten und Sie werden arbeiten.« In der Zeitung hatte Anna die Rede des Kreisleiters von Heilbronn gelesen, der verlangte, Frauen sollten sich nicht beim Heimaturlaub ihrer Männer auf die Chaiselongue legen und Kinder machen lassen. So hatte er sich ausgedrückt. »Was wir brauchen, ist eure Arbeitskraft.« Mit welcher brutalen Offenheit sie die privatesten Dinge austappten. Zu Beginn des Tausendjährigen Reichs sollten

Frauen dem Führer ein Kind schenken, kinderlose Frauen waren »Vaterlandsverräterinnen« gewesen.

Anna wollte es sich nach einem gemeinsamen Abendessen mit den Kölnerinnen gerade mit Erich Kästners *Drei Männer im Schnee* gemütlich machen. Sie hatte die Verwechslungskomödie um einen armen Germanisten und einen Millionär, Dr. Hagedorn und Geheimrat Tobler, aus Genf nach Feuerbach geschmuggelt, als Sigrid dort Französisch lernte. Sie liebte Kästners menschenfreundlichen Humor. Der Bau des Schneemanns und die Skiabenteuer von Diener Johann alias Schifffahrtslinienbesitzer Kesselhuth begeisterten sie jedes Jahr wieder. Anna las das Buch nur, wenn draußen Schnee lag.

Plötzlich kreischte der Fliegeralarm. Albert hatte wieder Nachtwache beim Luftschutz. Also die beiden einsammeln und ab in den Keller. Es dauerte eine Dreiviertelstunde. Die drei Frauen zitterten bei jeder der furchtbaren Detonationen. Als Anna danach vors Haus trat, sah sie nichts als Feuer. Der Himmel glühte über Cannstatt und Untertürkheim, feuerrot erleuchtet von den Kaskaden der Zielmarkierungen, die Brandbomben fielen wie Hagel hernieder. Die Dörfer auf der Höhe brannten. Der Schnee um sie herum schimmerte rot, und die Nacht war hell erleuchtet.

Am nächsten Tag kommentierte der Apotheker: »*Gott sei Dank hat wenigstens Daimler was Ordentliches abgekriegt. Wenn die Tommys unsere Industrie umgelegt haben, lohnt es sich nicht mehr, unsere Stadt auszulöschen. Das hält ja kein zivilisierter Mensch aus auf die Dauer.*« Erschrocken über den eigenen Mut verstummte er. »Heil Hitler«, verabschiedete er sich hastig.

In der Zeitung stand, das deutsche Volk habe die Brücken hinter sich abgebrochen. Das las Anna, als sie mit Albert Lebensmitteln entgegenreiste, die Gertrud ihnen in kryptischen Andeutungen am Telefon versprochen hatte. Im Eisenbahnabteil öffnete ein Mann ganz in Braun ein Fenster sperrangelweit. Alle froren und warteten, ob jemand wagte, es zu schließen. Aber niemand tat es. Da bat schließlich Albert den Parteifunktionär darum. Der tat es, nicht ohne mit drohenden Blicken um sich zu werfen. Dann setzte er sich Albert gegenüber, knallte sein Knie gegen Alberts Knie und fing an zu schreien: »So eine Empfindlichkeit! Was sollen die Leute sagen, die fliegergeschädigt sind und überhaupt kein Fenster mehr in der Wohnung haben?« Natürlich, die heilige Volksgemeinschaft, dachte Anna.

Eine ältere Frau mischte sich ein. Sie sei fliegergeschädigt und habe kein Fenster mehr in der Wohnung. Gerade deshalb möchte sie im Zug nicht auch noch frieren. Nun stürzte der Parteibonze sich auf sie, wollte ihren Namen und ihre Adresse wissen und drohte: »*Ob Sie fliegergeschädigt sind oder nicht, das wird sich zeigen. Dafür bin ich zuständig.*« Die Frau machte die verlangten Angaben und fügte spöttisch hinzu, man könne doch die Wohnungen tauschen. Sie zöge gern in die mit Fenstern. Darauf wollte der Funktionär von Albert wissen, ob er auch keine Fenster mehr in der Wohnung habe oder einfach nur verweichlicht sei. Albert wehrte sich tapfer. »*Ach, Sie, lesen Sie doch in Ihrem Jehova weiter.*« Albert hatte ein Bändchen Kant auf den Knien.

Januar und Februar 1944

Anna hatte Clara an Silvester den Flüsterwitz zur deutschen Weihnacht 1943 erzählt: »Die Engländer werfen die Christbäume vom Himmel, die Flak liefert die Kugeln, Göring stiftet das Lametta, Goebbels erzählt Weihnachtsmärchen, das deutsche Volk zündet Kerzen im Keller an und erwartet die Bescherung von oben.« Sie umarmte die tapfere Freundin, wünschte ihr, dass sie gesund bleibe, nicht von Bomben zerfetzt werde, ihr Dach über dem Kopf behalte, ihr Bett, ihre Wärmflasche, denn Letztere gab es längst nicht mehr zu kaufen.

Der Apotheker hatte am Neujahrsmorgen auf die Frage eines Nachbarn, warum die Zeitungen endlos über Vergeltung schrieben und nichts passiere, geantwortet: »*Man bezweckt damit die Gegner aus Angst zu einer völkerrechtswidrigen Kriegsführung zu zwingen, die uns dann das moralische Recht geben würde, unsere furchtbare Waffe anzuwenden.*« Anna fragte entsetzt: »Giftgas?« Die jahrzehntealte Angst stieg in ihr auf. Ein sardonisches Lächeln war die Antwort.

Doch zum ersten Mal gewann diese Angst nicht die Oberhand, Anna lief jeden Tag ein Stück in den verschneiten Wald, fühlte sich froh und leicht, beinahe glücklich. Das Grauen näherte sich seinem Ende. Die Invasion im Westen musste kommen. Zum Apotheker rief sie hinüber: »*Das mit der Scharnhorst ist doch ein schwerer Schlag oder?*« Das 1936 gebaute Schlachtschiff war am 26. Dezember am Nordkap von den Briten versenkt worden. »*Bah*«, jubilierte er pflichtgemäß, »*solche großen Schiffe sind höchstens hinderlich. Wir machen bewusst alles mit den U-Booten.*«

Immer noch las Anna jede Traueranzeige eines Soldaten, immer noch kannte sie viele der Söhne, Väter und Mütter. Der Tote heute hatte in einem seiner letzten Briefe geschrieben: »An meinem Leben hänge ich nicht. Die Wirkung, der Auftrag ist alles.«

In der Straßenbahn wurde nur noch über die gemalten Schatten eilender Männer an den Mauern der Häuser in der Stadt gesprochen. Es hieß, sie sollten am 16. Januar wieder entfernt werden. Die Apothekerin wusste natürlich Bescheid: »*Ganz im Vertrauen«,* flüsterte sie wichtigtuerisch, *»Mitte Januar muss unsere Stadt für ein paar Tage geräumt werden. Die Vergeltung beginnt von einem nahen Flugfeld aus!«* Machte sich diese Frau über sie lustig? Anna verzog keine Miene. Der Apotheker steigerte weiter: *»Hoffentlich ist Ihre Tochter mit den Kindern nach Amerika oder Kanada geflüchtet. Sonst erwischt sie's auch.«* Lauernder Blick. *»Es täte mir leid, wenn Sie sich nicht mehr sehen würden! Aber die deutschen Belange verbieten Gefühlsduselei. Man muss hart sein.«* So hart wie er in seiner ausgebeulten Trainingshose. Am nächsten Tag brachte seine Frau Anna wonnevoll die Morgenzeitung: *»Der Führer hat an England ein Ultimatum gestellt. Fünf Tage Zeit, seine Frauen und Kinder wegzuschaffen. Wenn das nicht hochherzig ist?«*

Anna musste ihre Siedlung wenigstens für einen Tag verlassen! Sie traf sich mit Bertha in der Stadt, lief mit ihr bei schönem Wetter durch den Stadtgarten, so konnten sie sich ungestört unterhalten. »Jetzt hat man die Juden weggeschafft, die zwar arisch verheiratet waren, aber nun verwitwet oder geschieden sind. Man hat ihnen zwanzig Minuten Zeit gelassen zum Packen. Dann wurden sie abtransportiert. Angeblich nach Theresienstadt.« Annas Gesicht brannte vor *Scham und Zorn.* Die Schattenmänner trugen inzwischen quer über dem Leib die leuchtende Phosphorschrift: »Feind hört mit!« Du liebe Güte. *Viel Lärm um nichts.* Wie so oft.

Dann machten Albert und Anna sich schweren Herzens wieder auf den jährlichen Weg zu Wilhelms Eltern. Aber sie brauchten die Lebensmittel. Der Freund von Rudolf war inzwischen als gefallen gemeldet worden. Der verhärmte Bauer konnte ihnen nur ein paar Rüben und Kartoffeln geben. Seine Frau zerrte Anna in die Küche und schenkte ihr ein Glas Milch ein. Sie wollte über Wilhelm sprechen und von Anna hören, was sie über Rudolf wusste. Als Anna wieder aus der

Haustür trat, ging einer der polnischen Zwangsarbeiter dicht an ihr vorbei und flüsterte leise: »*Krieg bald aus, Frau. Meisterin gibt mir großes Wurststück.*« Seine Augen strahlten. Anna wiederholte seine Worte, als sie ihre Hand in die von Albert legte und sie in Richtung Bahnhof stapften. Was machte es schon, dass der Rucksack dieses Mal leicht war. »Krieg bald aus, Frau. Meisterin gibt mir großes Wurststück!« Anna hüpfte wie ein übermütig glückliches Kind. »Krieg bald aus, Frau!«

Auf der Rückfahrt hörten sie dann die Probleme eines eleganten Ehepaars mit an: »Wir bekommen nie mehr eine Haushaltshilfe, höchstens eine Polin.« Der Reichsarbeitsdienst, dachte Anna, was für ein schönes Herrenmenschenleben hat er doch vielen ermöglicht. »Und wenn wir sechzig sind, bekommen wir keine Medikamente mehr.« So etwas hatte Anna auch schon läuten hören. Wenn ich sechzig bin, ist der Krieg aus! Anna bat Albert um einen Teil der Zeitung. Die Partei verlangte nach Bettfedern, Kissen, Plumeaus und Decken, damit die Verwundeten in den Lazaretten nicht auf Stroh liegen müssten und die Ausgebombten nicht auf dem Fußboden. Sehen so Sieger aus?, fragte sich Anna.

Nach dem Umsteigen in die Straßenbahn verwickelte eine Dame Anna in ein Gespräch. Ein Sohn war Fallschirmjäger, umgeschult zum Panzergrenadier, der andere Luftwaffenhelfer, die Tochter mit der Schule nach Bayern evakuiert. Anna machte ein besorgtes Gesicht. Und sie dachte an ihre eigenen drei: Isolde unterrichtete inzwischen Kinder in Linz, Sigrid spielte mit ihren beiden Kleinen, und Rudolf beugte sich über ein Physikbuch. Die Elegante warf den wohlfrisierten Kopf zurück. »*Ich denke eigentlich nie daran, dass auch mal eine traurige Nachricht kommen könnte ... so kommt man am besten durch.*« Wahre Heldenmütter, dachte Anna und lächelte diffus. Da erklang am anderen Ende des Wagens ein lautes Schluchzen.

Eine ältere, völlig abgearbeitete Frau war mühsam eingestiegen und brach beim Anblick eines jungen Urlaubers in ein so lautes Weinen aus, dass jäh alle Unterhaltung stockte.

Ermattet fiel die Frau auf eine Bank. *»Wenn ich einen Urlauber sehe, zerreißt es mir das Herz.«* Der Soldat wandte sich ab.

Augenblicklich hatte Anna ein Déjà-vu. Die Zeit raste zurück in den Mai 1940. Die Sonne schien. Anna hielt einen Strauß Gartenblumen für Clara in Händen. Dann betrat die Mutter des tödlich verunglückten Fallschirmjägers den Waggon. Anna wusste, wie die Geschichte weiterging. Ihre Hände krampften sich um die Gurte ihres Rucksacks.

Die anderen Leute im Zug unterhielten sich, sahen aus dem Fenster oder taten so, als wären sie taub.

»Mein Sohn war achtundzwanzig Monate nicht im Urlaub.« Die Mutter hatte ihn also im August 1941 zuletzt gesehen, rechnete Anna schnell nach. *»Er ist jung verheiratet, und alle Tage sagte sein Weib, wenn wir auf dem Acker waren: ›Vielleicht kommt Karl heute! Ich muss schnell heimrennen, vielleicht steht Karl vor der Haustür!‹«*

Viele junge Paare hatten kurz nach Kriegsbeginn geheiratet, so als könnte ihre Liebe, auf diese Weise besiegelt, das Leben der Männer retten. »Und sie hat noch nicht einmal ein Kind von ihm«, klagte die Frau weiter, »etwas, das sie an ihn erinnert und das sie in den Arm nehmen kann.« Anna stellte sich die junge Bäuerin vor, seit Jahren lebte sie in Angst und Unsicherheit, die Todesmeldungen schlugen rechts und links von ihr ein.

»Vorgestern kam nun etwas von Karl. Ein Brief. Er war gefallen, hieß es. Bei Nikopol.« Die Deutschen hatten sich letzten September hinter den Dnjepr zurückziehen müssen. Der Brückenkopf sollte zur Rückeroberung des Donezbeckens gehalten werden.

»Genau an dem Tag, als die Nachricht kam, war der Urlaub meines anderen Sohnes zu Ende.«

Die Frau musste ihre erregte Rede unterbrechen. Sie rang nach Atem, fuhr sich mit der Hand durchs Gesicht und richtete sich auf.

»Da hat er geschrien und geweint mein Bub: ›Mutter, ich kann nicht mehr fort!‹, hat er gebettelt. ›Mutter behalt mich doch hier!‹ Ich habe ihn nicht daheim behalten können. Er musste fort. Sie haben ihn weggeholt. Ich weiß nichts mehr von ihm. Vielleicht hat er selbst ein Ende gemacht. ›Lieber mich selbst, Mutter, als noch einen einzigen anderen Menschen töten.‹ Das hat er gesagt.«

Er wäre nicht der Einzige, dachte Anna voll Zorn. Konnte es noch mehr Leid für eine Mutter geben? Ihr stiegen die Tränen in die Augen.

»Mein Jüngster ist bei Stalingrad vermisst.« Erst jetzt war die Geschichte zu Ende, und die Frau sank auf der Sitzbank in sich zusammen, erlosch.

In der Zeitung hatte gestanden: »In dem Maße nun, in dem der Termin des anglo-amerikanischen Angriffs näherrückt, muss die Ostfront zu einem Kriegsschauplatz zweiten Ranges werden.« Wie so oft in den letzten Jahren flutete die Scham über Anna hinweg. Mit welcher Kaltherzigkeit, mit welchem Zynismus zerstörten sie Millionen Leben. Wie würde die Strafe dafür aussehen?

Im Januar 1944 ordnete Gauleiter Wilhelm Murr in seiner Eigenschaft als Reichsverteidigungskommissar an, dass alle Stuttgarter, sofern sie einen Fernsprechanschluss besaßen, an den Drahtfunk angeschlossen werden sollten. Anna und Albert schleppten also den schweren Radioapparat in Annas Arbeitszimmer im Erdgeschoss, und Albert verband ihn, auch ohne Drahtfunkdose, mit dem Telefon. Nun konnten sie störungsfrei die stündlichen Luftschutzmeldungen hören. »Achtung! Achtung! Hier spricht das Luftüberwachungskommando Südwest. Wir geben eine Luftlagemeldung! Der gemeldete Verband Feindflugzeuge hat seinen Kurs geändert und befindet sich jetzt im Anflug auf Richtung Süden, möglicher Zielort Stuttgart. Wie melden uns in Kürze wieder.«

Nach einem erneuten katastrophalen Luftangriff auf Cannstatt und Feuerbach trompetete die Propaganda: »Immer einfacher wird unser Dasein! Immer leichter unser Marschgepäck.« Ja, dachte Anna wutentbrannt, *das Leben ist so einfach geworden, dass man weder Licht noch Gas noch Wasser noch Fenster noch Türen hat!* Zwei Tage später erfolgte der nächste Angriff am frühen Nachmittag auf das Industriegebiet Pragstraße.

März 1944

Und dann schien Annas letzte Nacht gekommen. Sie würde ihr bis ans Ende ihres langen Lebens als eine wahre Hölle in Erinnerung bleiben. Der Angriff begann kurz vor drei Uhr. Sofort beim Alarm hatte Anna alle Fenster und Türen geöffnet, als Schutz gegen die Druckwellen. Anna, Albert und die beiden Kölnerinnen hatten sich in den Keller geflüchtet. Die Mutter hatte wie immer ihren Rosenkranz hervorgeholt und gebetet. Perle um Perle. »Heilige Maria, Mutter Gottes, bitte für uns Sünder jetzt und in der Stunde unseres Todes.«

Anna glaubte, ihr Trommelfell müsste platzen. Die Einschläge waren so nah, so entsetzlich, so mörderisch. Sie barg ihr Gesicht an Alberts Schulter, der ihr behutsam über den Rücken streichelte und hilflos-zärtliche Worte flüsterte.

Glasscherben prasselten auf die Erde, Steine polterten, Türen wurden aus den Angeln gerissen.

Riesige Gegenstände flogen durch die Luft und kamen mit gewaltigem Lärm auf dem Boden auf. Später sah Anna, es waren herausgerissene Bäume gewesen.

Bei jedem der Einschläge hob es sie leicht vom Stuhl.

Schwere Teile schlugen aufs Dach. Die Mauern knirschten. Trotz des infernalischen Lärms hörte Anna die Ziegel brechen. Das Häusle, es war am Ende seiner Kraft, aber es durfte nicht aufgeben, es musste durchhalten. Lieber Gott, flehte Anna, lass uns unser Haus!

Brandgeruch, Rauch, Staubwolken drangen in den Keller.

Das Brausen ging in ein Zischen und Prasseln über. Es brannte, aber wo, über ihnen? Stand ihr Haus schon in Flammen?

Eine Luftmine!

Anna, Albert und die beiden Frauen warfen sich platt auf die Erde.

Vorbei.

Nein, schon heulte die nächste Luftmine heran.

Nach einer Stunde, die sich anfühlte wie eine Ewigkeit, hob Anna den Kopf. Das Grollen wurde in die Ferne getragen. Es war über sie hinweggebraust. Unfassbar, aber sie lebten!

Neben ihr Albert, vor ihr Mutter und Tochter aus Köln, alle mit ruß- und tränenverschmierten Gesichtern. Sie zitterte am ganzen Leib, glaubte, ihre Gliedmaßen nie wieder benutzen zu können. Albert hatte sich bereits auf die Knie erhoben. »Anna, steht auf, es ist gut.« Sie musste ihn völlig entgeistert angesehen haben, denn er robbte zu ihr und zog sie hoch in seine Arme. »Komm, Anna, komm.« Langsam richtete sie sich auf. Ja, sie konnte stehen, ja, sie hatte Arme und Beine, und ihr Kopf saß auch noch auf dem Hals.

Anna half der Kölnerin, ihre Mutter hochzuziehen. Und dann weinten alle. Welche Erlösung!

Albert versuchte mit seinem geringen Körpergewicht, die Luftschutztür des Kellers gegen den Schutt, der sich auf dem Boden gesammelt hatte, aufzudrücken. Die vier fassten sich bei den Händen und stiegen über Scherben, Steine, Mörtel, Zimmertüren die Kellertreppe hinauf.

Draußen überall Feuer! Wohin sie blickten, wüteten Brände. Nur ihr Häusle brannte nicht.

Apothekers eilten herüber, das Kind auf dem Arm. In ihrem Haus war die Westseite aufgerissen, und eine Sprengbombe lag am Ende des Gartens.

Nun hockten sie alle in Annas Stube, die einzige in der Gegend, die noch ein Fenster besaß. Verstört, zitternd, frierend warteten sie auf den Tag. Sie sprachen nicht. Im Morgengrauen besaßen Anna und Albert noch die Mauern ihres Hauses und einen Teil des Dachs. Sie würden das Erdgeschoss notdürftig herrichten können. Der Bechsteinflügel hatte den Angriff wie durch ein Wunder ohne Schaden überstanden.

Da brach Anna zusammen. Sie fiel einfach um.

Isoldes Gesicht schwebte über ihr, als sie erwachte. Die Tochter war aus Linz gekommen, um zu sehen, ob die Eltern lebten. »*Das kann doch kein Mensch durchhalten*«, hörte Anna sie schluchzen und wusste, Isolde suchte bereits in Gedanken nach einer Möglichkeit, sie diesem Inferno zu entreißen. Albert würde sofort mit der Sicherung des Hauses beginnen wollen. Seine Anna sollte wieder ein komplettes Dach über dem Kopf haben. Und zwar so schnell wie möglich.

War es dieses Mal Albert, dem ungeahnte Kräfte zuwuchsen? Anna erinnerte sich an Bukarest, bevor sie wieder in den Schlaf glitt. Auch im einzigen Zimmer, das noch Fensterscheiben besaß, zog sie sich eine heftige Erkältung zu. »Du musst nach Dettingen, Anna, bevor das noch schlimmer wird«, entschied Albert. »Isolde und ich kommen schon zurecht.« Dann küsste er Anna. Und sie machte sich widerspruchslos auf den Weg. Mit ein paar Habseligkeiten auf einem kleinen Leiterwagen stapfte sie nach Stuttgart hinunter, hoffte, bald einen Zug in Richtung Reutlingen zu bekommen.

Die Welt sah aus wie nach einem Gottesgericht. Wie sagte doch der Führer: Alle für einen, einer für alle. Jetzt verstand sie den Sinn. Alle sterben für einen, und einer lebt für alle! Wie Anna mit dem Zug nach Reutlingen gelangte, daran konnte sie sich später nicht mehr erinnern. Als sie mit dem Omnibus die Höhe hinauffuhr, stieg eine Frau zu, Mutter eines Fliegers. Sie erzählte, wie man über ihrem Dorf ein amerikanisches Flugzeug abgeschossen hatte, wie alle Soldaten mit dem Fallschirm heruntergekommen waren, einer sich in der Maschine verfangen hatte, der Fallschirm sich nicht öffnete, er noch mal den Kopf gehoben hatte nach dem Aufschlag auf der Erde und dann gestorben war. »*So und nicht anders könnte es auch meinem Jungen geschehen.*« Mit letzter Kraft wankte Anna zu dem Haus ihrer Verwandten, in dem auch ihr Bruder Eugen mit seiner Familie seit den heftigen Angriffen auf Stuttgart lebte.

Zwei Wochen hatte sie nichts ins Tagebuch schreiben können. *Eine Ewigkeit! Aber das Leben, das laut Propaganda immer einfacher wurde, hatte sie beinahe ganz verlassen.* Ja, sie wunderte sich, dass sie tatsächlich noch lebte. Nachdem sie diese Zeilen im Bett in eines der Schulhefte von Rudolf gekritzelt hatte, fiel die Schwäche erneut über sie her.

Anna musste lange geschlafen haben, denn sie fühlte sich besser, als sie ein lautes Brausen vernahm. Sie ging zum Fenster. Schwärme von Flugzeugen in V-Formationen im blauen Märzhimmel. Die Menschen strömten auf die Straße. Wohin, München? Ulm? Friedrichshafen? Augsburg? Die ersten kamen bereits wieder zurück.

Am nächsten Tag wurden die sechzehnjährigen Jungen des Kreises in der Turnhalle versammelt, um sie für die SS anzuwerben. Natürlich ließen sich viel zu wenige darauf ein, die meisten flüchteten durch das Toilettenfenster in die Freiheit. Eugen erzählte ihr das mit viel Missbilligung in der Stimme. *Wackere Buben*, dachte Anna.

Eine Woche später hatte Anna immer noch die Grippe, trotzdem wollte sie die Konfirmation ihres jüngsten Neffen miterleben. Sein älterer Bruder, Fliegeroffizier, war im November 1941 bereits verwundet worden, vor zwei Jahren dann in Russland abgestürzt. Trotz zahlreicher Operationen konnte er nur mühsam mit zwei Krücken gehen, und schwere Verbrennungen hatten sein Gesicht gezeichnet. Keiner brachte in seiner Anwesenheit den Mut auf, den jüngeren Bruder, den Konfirmanden, zu feiern. Anna war froh, dass der Knabe noch zu jung war und die SS ihn nicht angeworben hatte. Die Mutter reichte hektisch die Platten mit den Spätzle herum, auf die sie ebenso stolz war wie auf den Hammelbraten.

Ihr Bruder erzählte flüsternd, welche Schmerzen der Sohn in den letzten zwei Jahren durchlitten habe. *»Der Sturz Hitlers, vermutlich sein größter Schmerz«*, sagte sie, *»erwartet ihn noch.«*

»Ausgeschlossen«, sagte der Vater, *»die Vergeltung kommt im Augenblick der Invasion.«* Der Sohn schwadronierte nach einigen Gläsern Wein über die Geheimwaffen. Anna konnte nicht anders: *»Dein Hitler«*, sagte sie mit klarer Stimme, *»ist der größte Abgrund, der sich je aufgetan hat, um Menschenglück zu verschlingen.«* Betretenes Schweigen. Sie erhob sich, ging in ihr Zimmer und legte sich wieder ins Bett.

Das Fieber stieg so hoch wie in den ersten Tagen nach dem Angriff. Warum konnte sie sich nie beherrschen? Kaum hatte sich Anna das gefragt, klopfte es an der Tür und eine Verwandte trat herein. Auch mit ihr lieferte sich Anna seit Jahren politische Wortgefechte. So hatte die andere stets die absurde Meinung vertreten, keinem Juden würde im Dritten Reich ein Haar gekrümmt. Jetzt sollte sie ihren Irrtum zugeben. Stattdessen sagte sie, in Riga, wo ihr Mann als Offizier stationiert war, gäbe es noch ganze Judenviertel. Anna stöhnte auf, bedeckte ihre Augen mit der Hand und hoffte laut, dass dieser ganze Wahnsinn bald ein Ende nähme. *»Jetzt mit dem Krieg aufhören? Wie kämen wir dazu!«*

»Geh, geh aus meinem Zimmer«, flüsterte Anna. *»Wir verstehen uns nicht mehr.«* Sie vergrub ihr Gesicht im Kissen. Die Frau warf die Tür hinter sich zu. *Würde sie nun hingehen und Anna verraten? Mag sie. Einmal muss es ja doch kommen!*

April und Mai 1944

Anfang April saß Anna immer noch in Dettingen. Das Warten machte sie nervös und elend. Diesen Zustand musste sie schnellstmöglich beenden, sonst lief sie noch kurz vor dem Ende der Gestapo in die Arme. Sie schrieb Albert, und Albert schrieb zurück, ins Haus könne sie noch nicht, aber er habe bei einem Bauern in Hofen ein Zimmer für sie gemietet, und tagsüber könne sie ja nach Sillenbuch kommen. Er deutete an, dass man dort auch wieder Radio hören konnte. In der gleichen Sekunde begann Anna, die Koffer zu packen.

Vom Bahnhof aus rief sie in Alberts Schule an und wartete, bis er sie abholte und in ihre Unterkunft brachte. Es war ein winziger niedriger Raum ohne Ofen, ohne Licht. Neben ihrem Bett stand ein zweites, in dem die Bauerntochter schlief. Der Misthaufen befand sich direkt vor dem Fenster. Urig hätte man das unter anderen Umständen genannt.

Albert hatte ihr eingeschärft, ihre Gesinnung nicht zu verraten. Doch schon am zweiten Abend stritten sich ein Mann und eine Frau auf offener Straße. Sie sollte in den Keller gehen bei Alarm. Sie brüllte zurück, er sei ja auch nicht im Keller. Abends beklagte sie sich bei Anna auf der Gartenbank. »Was geht den das an, wenn ich umkomme?« Und Anna, Anna konnte es wieder nicht lassen und setzte ihr charmantestes Lächeln auf: »*Wenn Sie dabei umkommen, kommen Sie ins Zuchthaus oder aufs Schafott, denn Sie sind schuld, dass es den bösen Amerikanern oder Engländern gelungen ist, eine deutsche Arbeitskraft mehr zu töten.*« Es dauerte eine Weile, aber dann lachten alle.

Jeden Morgen fuhr Anna nun nach Sillenbuch, lief durch die Zerstörungen zu ihrem Haus, hörte BBC und die Stimme Amerikas und half Albert. Er hatte den Schutt bereits weggeräumt und abtransportiert, brauchte aber immer eine Hand, die ihm die Pappe hielt, mit der er die leeren Fensterhöhlen abdeckte, oder die Türblätter, die er wieder in ihre Angeln hob. Über vier Wochen, also bis Ende Mai, fand sie keine Minute Zeit, etwas in ihr Heft einzutragen. Immer standen alle Türen offen.

IV

Juni 1944

Anna erfuhr bereits in der Straßenbahn, dass gestern auch in Sillenbuch die Fünfzehnjährigen gemustert und gleichzeitig gezwungen worden waren, sich zur SS zu melden, mit dem Köder, sie würden dann erst 1947 eingezogen statt zur Wehrmacht in einem halben Jahr. Eine Bäuerin, deren Sohn auch zu den »Bevorzugten« gehörte, lief auf die Dorfstraße und schrie: »*Sie sollen doch mein Fritzle auch gleich holen! Dann haben sie ihn!*« Das Kind war erst vier Jahre alt. Wie würde alles weitergehen? Furchtbar vermutlich.

In Annas Straße lauerte der Apotheker. Er hatte sein Haus mithilfe der Partei schnell instandsetzen lassen können: »*Demnächst wird ganz England mit diesen Raketen zerschlagen sein.*« Anna dachte an Sigrid und ihre Kinder. Seine Frau trat neben ihn. »Und Russland? Und Amerika?«, fragte Anna leise. Gegen Amerika werde man die Raketen in Italien richten und diese »Burschen« vom Kontinent vertreiben. »Und Russland?« Das war doch selbstverständlich. Schlaues Lächeln. »Giftgas.« Anna verabschiedete sich.

Nun saß sie über ihrem Tagebuch. Albert war Material organisieren gegangen, und sie wollte für eine halbe Stunde bei geschlossener Haustür nachdenken und schreiben. Das

Schlimmste würden nicht die Fremdheere sein, sondern die Gestapo. Presse und Funk forderten jeden Tag dazu auf, zu denunzieren, »Ungläubige« oder Schwache »auszumerzen«. Jeder hatte das Recht, jeden zu töten oder töten zu lassen, von dem er annahm, dass er am deutschen Sieg zweifelte. Die Guillotine im Hof des Landgerichts in der Urbanstraße 20 war jetzt schon im Dauereinsatz. Es würde noch schlimmer kommen. Anna fürchtete aber auch die Rache der Millionen ausländischer Zwangsarbeiter und Kriegsgefangener. Überall in der Stadt, vor allem am Hauptbahnhof, sah Anna Zwangsarbeiter die Trümmer beseitigen. In Lumpen gekleidet, nur mit dem nötigsten Werkzeug ausgestattet. Es war ein beklemmender Anblick. Inzwischen fürchtete sich nicht nur Anna, sondern auch die, die das System nicht gefürchtet hatten: »*Wir müssen siegen, weil uns die Russen sonst als Sklaven nach Sibirien oder zum Wiederaufbau nach Russland verschleppen.*« Herrenmenschen als Arbeitssklaven. Wie sich die Zeiten änderten. Und völlig neue Ängste hervorbrachten. Anna hatte neulich in der Dorfabgeschiedenheit ihres Schlafplatzes darauf erwidert: »*Ja, es wäre schrecklich, wenn sie sich ein Beispiel an uns nähmen und Gleiches mit Gleichem vergälten. Millionen deutscher Männer und Frauen müssten dann im Osten, in Frankreich, in Belgien, Holland, in Norwegen fronen.*« Das war wieder einmal eine gefährliche Antwort gewesen.

Ob sie der Meldung glauben musste, dass amerikanische und englische Piloten auf Zivilisten schossen? Mütter, die hamsterten für ihre Kinder, Bauern auf dem Feld? Annas Bleistift kreiselte über das Papier. Die Presse dröhnte: »Wir haben nicht geblufft. Die große Stunde der Abrechnung ist gekommen.« Jeder vernünftig denkende Mensch erkannte den eigentlichen Sinn dieser absurden Behauptung. Auf der Straße, in der Bahn, zwischen all den Trümmern war mit jedem Tag mehr Angst zu spüren. Die Leute jubelten nicht über die V1. Im Gegenteil, der Gedanke an eine Vergeltung für die Vergeltung ließ sie fast irrsinnig werden. Immer mehr lehnten diese Art, Krieg zu führen, ab, wollten leben!

Unterm Stein hatte sie eine Notiz von Albert mit den neuesten Rundfunknachrichten gefunden. Sie endete mit: *»Vertraue!«* Anna versuchte, zu vertrauen, aber sie schaffte es immer weniger. Sie war so unendlich müde. Sobald sie sich nicht mit aller Kraft unter Kontrolle behielt, kroch die Furcht ihr in Verstand und Seele. Jetzt schrieb sie: *»Wer weiß, ob nicht Albert, der Freund meines Lebens, ob nicht eines meiner guten, geliebten Kinder von diesem Moloch noch in letzter Minute doch noch verschlungen wird.«*

Albert und Anna arbeiteten entweder an ihrem Haus oder halfen, den Stollen fertigzustellen. Sie wussten nicht, wie viele Luftangriffe sie bis dahin in ihrem Keller überstehen mussten, ob sie noch leben würden, wenn der Stollen Schutz bieten konnte. Der *NS-Kurier* tönte, niemand könne ihnen vorwerfen, sie hätten sich in der Härte des Kampfes in seiner letzten Phase getäuscht, sie hätten versäumt, auf diese Härte hinzuweisen. Wen sollte das zwischen Ruinen, Tod, Elend und Trauer noch erreichen? Den nimmermüden Apotheker, der behauptete: *»Die Engländer und Amerikaner werfen wir demnächst vom Kontinent«* und so weiter, Anna wollte den Rest gar nicht hören.

Juli 1944

Die Presse schmähte England für die Vergeltung der Vergeltung, und der Apotheker schwärmte in seinen kurzen Sporthosen von V1, V2, V3, V4, von U-Booten, Flugzeugen und »geheimen Sachen«. Doch das Leben begann stillzustehen: keine Pakete, der Eisenbahnverkehr eingeschränkt, die Omnibusse standen. Es gab kein Benzin, und der *NS-Kurier* besang den »alten soliden Handwagen«. Zurück in die Steinzeit. Bravo! Ohne den Ausweis der Fliegergeschädigten bekam man nicht die kleinste Kleinigkeit zu kaufen, aber den hatten Anna und Albert ja inzwischen. Goebbels forderte, dass »jeder Deutsche den weit reduzierten Lebensstandard in den Luftnotgebieten zum Maßstab seiner eigenen Lebensführung mache.« *Wer also noch ein Bett hatte, sollte sich nicht hineinlegen? Das einfache Leben.* Anna lachte bitter.

Mitten in dieser Rolle rückwärts hätte sie am 10. Juli ihren sechsundfünfzigsten Geburtstag feiern können. Sie verbot sich energisch, daran zu denken, wie der Tag sein könnte. Doch sie sah sich und Albert, entspannt, mit ein paar Kilos mehr auf den Rippen und sommerlich leger gekleidet, in ihrem DKW-Cabriolet an einer Meeresküste entlangsausen. Anna blickte aus dem Fenster: Die Red Crimson Rose blühte. Albert hatte sie gepflanzt, so wie er es damals versprochen hatte, auf dem Tübinger Bahnhof, eine Rose am Hut, eine Rose in der Hand, für die siebzehnjährige Anna, mit der er sein Leben verbringen wollte und die ihm ihr Herz geschenkt hatte. Albert, der Freund ihrer Brüder, der nach dem Lehrerexamen das Abitur gemacht und studiert hatte. Albert, der sich nicht von den Eltern hatte einschüchtern und abweisen lassen.

Am 20. Juli 1944 verübten einige Offiziere der Wehrmacht, unter ihnen Claus Schenk Graf von Stauffenberg, ein Attentat auf Hitler im Führerhauptquartier Wolfsschanze. Der Versuch misslang ebenso wie der gleichzeitige Staatsstreich in Berlin. Die Attentäter wurden nach Schauprozessen hingerichtet. Die russische Armee rückte weiter nach Westen vor. In Stuttgart begann die heftigste Serie der britischen Fliegerangriffe am späten Vormittag des 21. Juli mit dem Ziel Zuffenhausen. Durch die Druckwellen der

Das zerstörte Stuttgart, 24. August 1944

Explosionen von Sprengbomben und Luftminen rissen die Dächer auf, dann wurden die Elektron-Thermitstäbe abgeworfen. Binnen kurzer Zeit entstanden Tausende kleine Gebäudebrände, die sich zu einem Großbrand entwickelten. Vier Tage später erfolgte ein Nachtangriff auf das Zentrum und die historische Altstadt. Anna war vier Monate lang jeden Abend in ihr kleines Dorf gefahren, um dort zu schlafen. Später wusste sie nicht mehr, warum sie es an diesem Abend nicht getan hatte, und sie hatte nicht die Kraft, das Erlebte in Wort zu fassen.

August und September 1944

Inzwischen hatte sie im Dorf ein größeres Zimmer gefunden, das sie gemeinsam mit Albert bewohnte. Ständig sehnte sie sich nach ihrem Haus, auch wenn nur noch der Keller, die Wände und ein Behelfsdach von ihm übrig waren. Albert fuhr, wenn er nicht dort arbeitete, einmal am Tag hin, um Radio zu hören. »*NEID!*«, schrieb Anna am 7. August in ihr Tagebuch. Neid aufs Überleben, die Gesundheit, das Essen, die kleinsten Kleinigkeiten des Alltags wie Schnürsenkel oder Bleistifte. »*Es ist wie in einem Käfig voller Raubtiere.*«

Am 25. August endlich, die Befreiung von Paris! Noch bis zum 1. September griffen die Deutschen von Nordfrankreich aus mit Marschflugkörpern und Raketen London an. Am 5. und 9. September erfolgten zwei Luftangriffe auf Daimler Benz in Untertürkheim, auf Zuffenhausen und Feuerbach.

Am späten Abend des 12. September flog die Royal Air Force ihren schwersten Angriff auf das Zentrum und den Westen Stuttgarts. Dieses Mal gelang es, im Talkessel einen Feuersturm zu entfesseln. Er vernichtete die Stadt auf einer Fläche von fünf Quadratkilometern. Zehn Tage später blickte Anna von der Höhe hinab auf das Trümmerfeld. Dann saß sie wieder in dem Zug, der sie zu ihrer Zuflucht brachte. Sie wusste, es konnte sie und Albert genauso treffen. Es konnte sie vor allem auch in der Eisenbahn treffen. Jeden Morgen fuhr sie um fünf Uhr vierzig, also noch bei Dunkelheit, in die Stadt. Platz im Zug bekam nur der, der mit Ellenbogen und frech darum kämpfte und die Fähigkeit hatte, alles niederzutrampeln, was sich ihm in den Weg stellte. Wer das nicht schaffte, hing außen an den überfüllten Waggons. Dazwischen französische und russische Gefangene und viele ausländische Zivilarbeiter. Anna glaubte, Freude auf deren Gesichtern zu sehen, einen Zug der Genugtuung. »Maintenant, ils sont déchargés, les cochons allemands« – nun werden sie ausgeladen, die deutschen Schweine, rief ein französischer Gefangener seinen Kameraden zu. Die Deutschen stiegen aus und verloren sich. Dem Mann passierte nichts. Die Straßen vor dem Bahnhof lagen voll mit Trümmern, und überall gruben Ostarbeiterinnen und kleine Jungen Backsteine aus dem Schutt und schichteten sie auf. Sklaven! Barfuß, bleichgesichtig. In zerfetzten Röcken und Hosen. Anna senkte den Blick. Das Radio informierte über Fortschritte der Amerikaner im Westen, den Abfall Rumäniens, Bulgariens, Finnlands, doch sie konnte keine Freude aufbringen, keine Hoffnung. Sie war zu geschwächt.

Abends bei Einbruch der Dunkelheit fuhr sie zurück. Auf den Bahnsteigen warteten Tausende. Einmal hatte Anna einen Brief aus Kanada in der Tasche. Rudolf hatte vor zwei Monaten geschrieben: »In nicht zu ferner Zeit werde ich daheim bei Euch sein!« Gebe Gott, dass es wahr wird. Wenn der September zu Ende ginge, würde sie nicht mehr aufs Land fahren. »*Ich kann nicht mehr*«, schrieb sie in ihr Tagebuch.

Oktober 1944

Anna saß in ihrem geliebten Wald auf einem durch die Detonationen herausgerissenen Baumstamm. Neben sich das gebündelte Reisig und der Korb mit den Pilzen und Beeren. Sie ließ ihren Blick über die Zerstörungen schweifen: Bäume, so stark und so schutzlos. Schon als Kind waren sie für Anna die reine Poesie gewesen. Sie lockten im Frühling mit hoffnungsvollem Grün, trugen Blüten, die leuchteten in der Nacht. Der Herbst schmückte dann festlich ihr Kleid, ließ es purpurn oder golden strahlen. Ein letztes Geschenk vor dem Winter. Dann zeigten sich die Bäume, wie sie wirklich waren. Die Äste gerade oder verschlungen, lässig ausgebreitet oder zum Himmel gereckt, schöpften sie neue Kraft. Die Bäume, dachte Anna, sind die Verbindung zwischen Himmel und Erde.

Vor ein paar Tagen hatte sie auf ihrem Weg durch das zerstörte Stuttgart mit Kreide auf die Ruinen geschriebene Nachrichten gesehen. Die meisten teilten ihren Verwandten und Freunden mit, wo sie untergekommen waren. Auf einer Wand hatte gestanden: »*Alles tot! Heil Hitler!*«

Dann folgten Kälte, Sturm, Nässe und mehrmals täglich Alarm. Anna war glücklich über jede Stunde, die sie in ihrem Häusle verbringen konnte. Im Stollen erlebte sie die durch Hass geprägte »Deutsche Volksgemeinschaft«. Keiner gönnte dem andern auch nur die Luft zum Atmen, geschweige denn ausreichenden Platz. Mit Werner besprachen Anna und Albert, was zu tun wäre, wenn die Front ins Tal rückte, sie wollten aber Haus und Herd keinesfalls verlassen. Sie hatten das Radio in den Keller geschleppt und schliefen auch dort. Sie wussten, dort waren sie auch nicht sicher, aber es gab ihnen ein Gefühl größerer Sicherheit, und das war schon viel. In den Stollen rannten sie nur im absoluten Notfall. Es war ein Leben auf Abruf und an der Schwelle des Todes. *Das Reich* sprach vom »Wohlsein im Einfachsten«. Das war wirklich der Gipfel der Frechheit! Anna hatte die Zeitung zum Anfachen ihres Feuers benutzt.

Jeden Tag trieb sie sich erneut an, zu den wenigen Dingen, die sie noch tun konnte: Holz sammeln im Wald, um im Winter nicht zu frieren und kochen zu können. Pilze suchen. Bucheckern auflesen, trocknen und mahlen, als Ersatz für Kaffee, die letzten Kräuter für Tee sammeln, die Kartoffeln sorgfältig und dunkel lagern. Strümpfe stopfen,

Schuhe putzen, denn wann würde es neue geben? Sie durfte alles, bloß nicht müde werden, *wer müde wurde, blieb allzu leicht auf der Strecke.* Und das wollte Anna nicht. Sie wollte durchhalten, durchhalten, bis dieses Jammertal durchschritten war. Sie hoffte nur, dass Albert nicht zum Volkssturm eingezogen würde. Die Devise hieß: »Tauglich ist jeder!«

Heute hatte sie der Apotheker mit der Nachricht erschreckt, alle Frauen, die nicht berufstätig waren, sollten fort. Fort, wohin?, fragte sich Anna. Ins KZ? Fort hatte in den letzten zwölf Jahren immer KZ bedeutet oder Gefängnis oder Zuchthaus oder Exekutionsplatz. Der Apotheker genoss ihre Angst sichtlich. In die Wohnungen der nicht berufstätigen Frauen kämen berufstätige Ausgebombte. In Stuttgart hätte die Partei schon hundertzwanzig Frauen einbestellt. Man drohte ihnen mit Entziehung der Lebensmittelkarten, wenn sie sich nicht zum Arbeitsdienst meldeten. Er wippte auf den Zehen vor Vergnügen.

Später erfuhr Anna, dass sich die Frauen gewehrt hatten, damit drohten, sie würden stehlen, Umzüge veranstalten, ihren Männern schreiben. Die ertrügen doch nicht das Soldatenleben, dass man ihre Frauen und Kinder aus ihrem Zuhause vertrieb. Anna war hellwach gewesen: Bewiesen die Frauen endlich Zivilcourage? Wenige Tage später hörte sie, dass die Partei den Männern der renitenten Frauen nur Briefe an die Front schickte. Anna erzählte es dem Apotheker.

Er war sichtlich enttäuscht. Und Anna triumphierte. Die Frauen, endlich!

In der Nacht des 14. Oktober rissen eine Detonation und Flugzeuglärm Anna und Albert aus dem Schlaf. Schnell schalteten sie den Drahtfunk ein. »Nur« acht bis zehn feindliche Flugzeuge kreisten über der Stadt. Alarm hatte es nicht gegeben. Warum auch? Wegen so einer Lappalie? Ebenso verhielt es sich inzwischen bei Tagesangriffen.

Eigentlich sollte man Daueralarm haben. Die Sirene heulte aber nur bei starken Kampfverbänden. Hörten Anna und Albert Flugzeuge, blickten sie in den Himmel. Fielen Bomben, rannten sie in den Keller. Vielleicht schoss die Flak. Dann kam Entwarnung. Gefahr vorbei. Anna dachte jedes Mal mit Schrecken an die sechzehn- und siebzehnjährigen Jungen, die in der »Kinderflakstation« unter dem Kommando eines Leutnants die Kanonen abfeuern mussten. Einer hatte diesen Kriegseinsatz bereits mit seinem Leben bezahlen müssen.

Was würde sie dafür geben, ihren Roman zu Ende schreiben zu können. Sich nützlich fühlen, sich ein wenig ablenken, aus der Gegenwart und ihrer Tristesse herausziehen. Die lähmende Angst für kurze Zeit hinter sich lassen. *Warum lassen sich die Amerikaner und die Engländer so viel Zeit?* Wie oft in den letzten Jahren hatte sie diesen Satz gedacht, gemurmelt, gefleht? Jetzt wollte sie ihn laut hinausschreien. Statt zum Romanmanuskript griff Anna zum Tagebuch und berichtete von einem Brief, den Albert von einem Kollegen erhalten hatte. Der Schulleiter hatte seine Sechzehnjährigen an den Westwall ziehen lassen müssen, in Sommerkleidung. Er konnte keinen Tag Aufschub erzielen. Die Buben sahen ihre Eltern nicht mehr. Konnten sich nicht verabschieden. Wieder einmal dachte Anna voller Dankbarkeit an den Tag im März 1939, als Rudolf in dem Zug verschwand, der ihn wegbrachte aus diesem Land.

Neuerliche schwere Angriffe auf Cannstatt und Gaisburg am Abend und in der Nacht des 19. und 20. Oktober. *»Dass man solche Nächte überhaupt lebend durchstehen kann«*, wunderte sich Anna im Tagebuch. »50 Meter von unserem Haus ging eine Luftmine nieder. Die hübschen Häuser Steinhaufen. Weggeblasen. Graue Luft.« Bei ihrem Haus waren wieder Fenster, Türen, Dach und Balken beschädigt worden.

Aber sie würden es richten. Sie konnten weiter in ihrem Häusle leben, das war das Wichtigste. Doch zunächst hatten sie kein Wasser, keine Toilette, keinen Radioempfang. Ohne die Stimmen der BBC-Sprecher fühlte sich Anna orientierungsloser denn je, aber auch einsam und verlassen.

Vor ihr stand ein Strauß bunter Rosen, den Albert zwischen den im Garten herumliegenden Trümmern geschnitten hatte. Anna hatte das Buchzeichen mit dem aufgeklebten Edelweiß wiedergefunden, ein Geschenk Isoldes, ihre Lupe, ihr Bücherbord, die Fotos ihrer Enkel. Draußen leuchtete der Garten, die lichtflirrende Birke, der grüne Rasen. Sie hatte ganz leise ein paar Tasten des Flügels angeschlagen. Noch nie hatte sie eine so tiefe Liebe für ihr Haus und die Dinge darin empfunden. Vielleicht musste sie sich von alldem verabschieden. *Ein Abschied für immer. Albert und sie lebten in einem sterbenden Land.* Selbst wenn der Krieg zu Ende ging, welches Leben sollte noch kommen? Es gab ja nichts mehr.

In dem Moment klopfte es an der Haustür. Isoldes energische Stimme rief: »Mama, wir sind da!« Die Tochter kehrte mit ihrem neuen Mann an der Hand ins Haus ihrer Eltern zurück. Anna fühlte sich ein wenig überrumpelt, aber sie bemühte sich, sich mit der Tochter zu freuen. Die beiden konnten immerhin ihr und Albert mit dem Haus helfen, sollte es noch einmal zerstört werden.

November 1944

Am 1. November bombardierten britische Flieger noch einmal Cannstatt; am frühen und am späten Abend. Anna hörte die Flak schießen, Bomben einschlagen. Zwölf Tage später notierte sie aufgeregt: »*Heute hören wir Trommelfeuer von der Westfront.*«

Zwei Gestapo-Beamte bauten sich breitbeinig vor Anna auf, warfen den rechten Arm hoch und schrien den Hitlergruß. »Mein Mann ist krank, sehen Sie nicht, wie schwach er ist?«, begehrte sie auf, gab zu bedenken, dass Albert fast sechzig Jahre alt war und in den letzten Monaten ihr Haus mehr als einmal wieder bewohnbar gemacht hatte. »Ganz allein, ihm hat keiner geholfen. Das hat seine ganze Kraft aufgezehrt. Er ist krank, sehen Sie das denn nicht?« Doch die beiden wollten das nicht gelten lassen, schwafelten stattdessen von der Pflicht eines jeden Einzelnen und mahnten Albert zur Eile. Er solle Kleidung und Waschzeug packen, und zwar flott. »Es ist nur zu einer Feldübung«, warfen sie der verzweifelten Anna beim Abschied zu, und schoben Albert durch die Tür.

Anna warf sich auf einen Stuhl und weinte hemmungslos. Der Volkssturm, das letzte Aufgebot alter Männer und junger Burschen zur Verteidigung des »Heimatbodens«. Sie hätte ihn verstecken müssen! Aber wo? Wenn Albert nun noch im Kampf stürbe? Nicht auszudenken. Wie hatten sie beide nur so lange glauben können, sie könnten diesen Wahnsinn überleben? Anna verzweifelte.

Isolde erzählte ihrer Mutter später, sie und ihr Mann wollten in die Schweiz fliehen. Sie konnte an nichts anderes mehr denken. »Kommt doch einfach mit«, schloss sie diese Ankündigung ab. Einfach mitkommen? Mit einem Rucksack auf dem Rücken nächtelang wandern, dann sich von einem Schleuser in einem kleinen Boot über den See rudern lassen, nur um von den Schweizern zurückgeschickt zu werden? Und dann? Aussichtslos, sie brauchte gar nicht weiter darüber nachzudenken. Sie und Albert waren zu alt und zu geschwächt für solche Strapazen. Und jetzt wollte sie ihn erst einmal wieder zurückhaben! Anna fiel in diesem

Volkssturm, März 1945

Moment nicht auf, dass sie denselben Gedanken dreißig Jahre zuvor in Bukarest schon einmal gedacht hatte und dass Albert zurückgekommen war.

Das Haus war ohne Albert so leer, also räumte Anna ein wenig im Garten. Das lockte die Apothekerin herbei. Sie war auf Reisen gewesen und hatte auf dem Bahnhof in Nürnberg dreißig Menschen auf Bahren liegen sehen. Ohne Mäntel, ohne Decken. Viele hätten vor Schmerzen geschrien. Sie wisse, in der Nähe gebe es ein riesiges KZ. Der Wachmann habe süffisant gesagt: »Die kommen ins Sanatorium.« Schließlich sei ein Güterwagen vorgefahren, in den sie verladen wurden. »Was waren das für Leute?«, fragte Anna. »*Hauptsächlich Ausländer.*«

Zwei Tage später sprach Anna die Apothekerin noch einmal auf das Lager an, von dem sie bisher noch nichts gehört hatte. »Lauter Partisanen! Pack!« *Die Nachbarin hatte ihr Mitleid überwunden und war wieder deutsch geworden.* Anna konnte die Frage nicht unterdrücken, was der Volkssturm und die Flakmädchen denn wären, wenn die Amerikaner einmarschierten: Partisanen und »Flintenweiber«! Der Apothekerin blieb der Mund offen stehen.

»Nun mag sie an geeigneter Stelle auf mich aufmerksam machen«, notierte Anna ins Tagebuch. Denunzieren war mehr denn je Mode. Eine Nachbarin, politisch engagiert in der Weimarer Zeit, dann zu den Nazis übergelaufen, begann zwar seit einiger Zeit, sich erneut umzuorientieren, hatte nun aber zur Anzeige gebracht, dass im Wald auf hohen Bäumen eine weiße Fahne wehte. Natürlich wurde das Zeichen der Kapitulation sofort heruntergeholt. Im Bunker brüstete sie sich laut mit ihrer Heldentat. Darauf sagte Anna: *»Der Adolf hat doch noch immer tüchtige und treue Gefolgsleute.«* Die Denunziantin war wütend, denn Anna gegenüber legte sie Wert darauf, genau das nicht zu sein. *»Ich habe mir auf jeden Fall ihren Hass zugezogen und sie ist skrupellos.«* Anna wusste, Albert musste bald zurückkommen, sonst traf er seine Frau vielleicht nicht mehr an.

Isolde und ihr Mann, der wegen eines Herzfehlers nicht zur Wehrmacht eingezogen worden war, bereiteten sich auf ihre Flucht vor. Anna würde bleiben und warten. Im Radio hörte sie das dritte Impromptu von Schubert. Was für ein Glück, dass sie wieder Strom hatten. Der Vater hatte das ruhige Stück früher oft gespielt, Melodie und Begleitung gemeinsam mit der rechten Hand. Der kleine Finger übernahm die Melodie, die vier anderen begleiteten ihn. Die Töne kamen zu ihr aus einer fernen Welt.

Endlich. Alberts Schritte im Flur. Anna schloss ihn in die Arme. Er war noch dünner geworden und sah völlig übernächtigt aus. »Du bleibst jetzt unter allen Umständen zu Hause. Ich werde die beim nächsten Mal abwimmeln. Am besten, du legst dich für ein paar Tage ins Bett. Da werden sie dich doch nicht herausziehen.« Vielleicht wäre trotz der Novemberkälte ein Notlager auf dem Spitzboden ein besseres Versteck? Als Albert sich zu den Kartoffeln an den Tisch gesetzt hatte, berichtete Anna ihm von den Fluchtplänen seiner Tochter. »Wir bleiben«, Anna zog diese Schlussfolgerung mit aller verfügbaren Energie. »Natürlich bleiben wir«, antwortete Albert. »Wie soll Rudolf uns sonst finden, wenn er kommt?«

Die Franzosen in Straßburg! Die nächsten Tage wurden verschlungen von dem Gerücht, dass jeder sein Haus anzünden müsse, wenn der Feind kam. »Nie und nimmer werde ich das tun!« Anna war außer sich. Sie würde diesen geliebten Flecken Erde und diese Mauern, die immer noch standhielten, nicht verlassen. Wie aber sollten sie sich verbergen, wenn der Räumungsbefehl kam und die SS nach Zurückgebliebenen suchte? In stundenlangen Diskussionen mit Albert entstand der abenteuerliche Plan, direkt am Waldrand einen eigenen Stollen zu graben. Nur so groß, dass sie sich beide hinter Ästen darin verbergen konnten. Anna und Albert gegen den Rest der Welt! Das alte, wohlvertraute Gefühl stieg wieder in ihr auf. Sie hatte es so lange vermisst.

Nachts hörten sie im allgemeinen Stollen das Dröhnen der Kanonen von Westen her. Tagsüber gruben sie Seite an Seite im Wald, bis sie auf Grundwasser stießen und abbrechen mussten. Als sie müde zu ihrem Haus zurückkehrten, kam der Apotheker ihnen entgegen. Panisch machte er den Vorschlag, doch gemeinsam einen Unterschlupf in einem nahen Steinbruch zu bauen. Er wollte sich mit Albert und ihr verstecken! Anna wusste genau, warum. Wahrscheinlich waren sie alte Freunde. Albert wiegelte ab. Man könnte nur bei Nacht arbeiten, keine Taschenlampe benutzen. Wie sollten sie bei Alarm rechtzeitig den Stollen erreichen, wie die Kälte im Freien aushalten? Der Geschützdonner wurde mit jeder Stunde deutlicher vernehmbar.

Dezember 1944

Während eine Luftwarnung die andere ablöste, gruben Anna und Albert bei herrlichem Sonnenwetter an ihrer kleinen Höhle im Wald. Das gab ihnen etwas Hoffnung. Der Apotheker dagegen hatte seine Pläne mit dem Versteck aufgegeben. »*Wir schießen demnächst nach Amerika hinüber*«, rief er ihnen zu. »Let's go«, flüsterte Albert Anna zu, und sie lachten gemeinsam. Doch am 16. Dezember eröffneten die Deutschen die Ardennenoffensive, um die Oberhand im Westen zurückzugewinnen. Ein Soldat sagte zu Anna: »*Wenn ich jetzt wieder nach Frankreich komme, werde ich diesen Burschen mit einer Rute über die Schnauze hauen.*« Anna seufzte. Warum konnte sie nicht aufhören, diese Gespräche zu führen? Weil sie sie aufschreiben wollte, unter allen Umständen. So einfach war das!

Der Heilige Abend war der erste in Annas Leben, den sie ohne Christbaum verbrachte. Albert meinte sybillinisch: »Vielleicht verkürzt es auch das Ganze!«, und meinte damit die Schlacht in den Ardennen, doch die Gegenwart mit ihren allseits erneut aufkeimende Siegeshoffnungen deprimierte sie zutiefst, und ihre Gedanken suchten Zuflucht zur guten Stube ihrer Kindheit, bei den Weihnachtsplätzchen, die die Mutter trotz vieler Seufzer zustande gebracht hatte, den bescheidenen Geschenken für die Kinder, ein Teil für die Puppenstube, ein neues Puppenkleid, ein von der Mutter selbst gestrickter Schal. Aber zuerst musste am Klavier gesungen werden, bis der Mutter vor Rührung die Stimme brach. Dann gab der Vater die Erlaubnis, die Geschenke zu öffnen. Auch an den Weihnachtstagen jaulte bei Tag und Nacht der Alarm.

Anna legte Rudolfs Schulheft auf den Tisch und zog ihre persönliche Jahresbilanz: »*Ich habe noch ein Haus,* einen Stollen, aber auch die Angst, dass sein Zugang durch einen Bombentreffer zugeschüttet wird. Ich habe noch den herrlichen Bechstein. Aber auf ihm zu spielen ist unmöglich, denn man muss auf jedes kleinste Geräusch achten. *Ich habe noch Teppiche und Bilder,* aber sie sind aufgerollt im Keller. *Ich habe noch Bücher,* aber ich finde keine Ruhe, in ihnen zu lesen.« Am nächsten Morgen wollte sie mit Albert in tiefster Dunkelheit um fünf Uhr in der Frühe mit dem Zug nach Hofen fahren, um ihre dort eingestellten Fahrräder zu holen. Sie könnten ihnen vielleicht das Leben retten. Wenn sie ihr Haus verlassen mussten, wollten sie so tun, als ob sie mit den Rädern wegfuhren, bevor man sie mit einem Lastwagen abtransportieren konnte. Sie würden einige Tage in ihrer Höhle bleiben und dann zum Häusle zurückschleichen.

Januar bis März 1945

Am dunkel verhangenen Neujahrsmorgen lief Anna durch den Schnee zum hinteren Gartenzaun, um dem alten Herrn Uhlmann zu gratulieren. Wie schmal er geworden war! Anna umschloss seine Hand mit ihren beiden. »*Wenn Hitler wenigstens etwas gesagt hätte darüber, wann Friede wird! Aber nix hat er gesagt! So bin ich eingeschlafen dabei!*« Anna verstand seine Erschöpfung nur zu gut, sie selbst konnte keinen Gedanken mehr zu Ende denken und kein Gefühl mehr zu Ende fühlen. Ihr Gehirn war völlig zerzaust.

Mitte Januar herrschte immer noch Postkarten-Bilderbuchwetter mit strahlendem Sonnenschein, tiefblauem Himmel und glitzerndem Schnee. Anna wollte nur einmal tief durchatmen und sich an alldem kurz freuen. Die Engländer und die Amerikaner flogen Angriffe auf Stuttgart. Inzwischen wusste sie, die Piloten schossen auf Zivilisten. Während Anna all das in den Himmel hineindachte, stand der Apotheker in ihrem Rücken am Zaun und schwafelte über die Ostfront, die man halten müsse. Sowjetpanzer standen in der Mark Brandenburg. Sie drehte sich nicht einmal um.

Die Leute sagten Schluss und womit haben wir ein solches Schicksal verdient! Deutschland zerfiel weiter in Schutt und Asche. Draußen fiel unausgesetzt Schnee, Albert lag mit einer Halsentzündung im Bett, und auch Anna fühlte sich wie im Fieber. Millionen waren auf der Flucht. Wie mochte es ihnen erst ergehen, den Alten, den Frauen, den Kindern?

Am Abend des 28. Januar wurden Botnang und die Bosch-Werke in Feuerbach bombardiert. Anna fürchtete um Clara. Hitler sagte in seiner Rede zum zwölften Jahrestag seiner Reichskanzlerschaft: »Wir werden die Not überstehen.« Zwei Tage später bebte Annas kleines Haus erneut unter den nahen Einschlägen in Cannstatt.

Dann stand Bertha in der Tür und berichtete, Konrad habe Ende Januar von der Gestapo die Aufforderung erhalten, er solle sich am 12. Februar zur Zwangsarbeitereinheit in Bietigheim melden. Danach kam die Deportation nach Theresienstadt. »Das Schlimmste«, klagte Bertha, »war seine Ruhe. Du hättest ihn sehen sollen. Er saß auf dem Sofa und sagte: ›*Mein Todesurteil*‹. Was soll ich nur tun, Anna, wie kann ich ihm nur helfen?« Anna hatte so viel von Isolde und ihrem Mann über die geplante Flucht in die Schweiz gehört. Jetzt nahm sie einen Zettel, schrieb es der

Freundin auf und setzte Namen und Adresse von Freunden hinzu. Schweigend reichte sie Bertha den Zettel. Schweigend steckte Bertha ihn unter den Bügel ihres Büstenhalters. Dann sprachen sie über Berthas Tochter Adelheid, die immer noch bei Annas Tochter Sigrid in Birmingham lebte und eine Stelle als Lehrerin gefunden hatte. »Alles wird gut, Bertha, und zwar ganz bald.«

Kaum hatte Anna dieses Problem hoffentlich gelöst, kam ihre jüngste Schwester Helene und klagte darüber, dass ihr sechzehnjähriger Sohn Dieter als Flakhelfer verpflichtet worden war. Anna erzählte, dass sie den zweiten Brief an Rudolf mit »Repatriated« zurückerhalten hatte. Außerdem hatte sie einen Brief von Gertrud aus Meßstetten, dort stand in den mit den Schwestern für diesen Fall vereinbarten Worten, dass Gertrud ins Visier der Gestapo geraten war. Man hatte sie mit KZ bedroht, und sie hielt sich nun in einem Versteck auf. Wenige Tage später kauerte Anna wieder mit Albert im Keller und presste beide Hände auf die Ohren. Sillenbuch erlebte seinen schlimmsten »Fliegerschaden«, ohne Vorwarnung durch die Luftabwehr trafen mehrere Sprengbomben drei Häuser in der Oberwiesenstraße. Dreizehn Menschen starben.

Am 7. März 1945, vier Tage, nachdem das Häusle noch einmal unter den Bomben geächzt hatte, erreichten US-Soldaten südlich des Ruhrgebiets die nicht vollständig zerstörte Brücke bei Remagen und konnten einen Brückenkopf auf dem rechtsrheinischen Ufer einrichten. Das war der Anfang vom Ende. Anna und Albert fielen sich in die Arme, spielten und sangen einen Choral. »*Wie das Gesicht der Welt sich wandelt*«, schrieb Anna Ende März ins Tagebuch. »Die Amerikaner bei Karlsruhe über den Rhein! Panzer in Heidelberg! In Bretten! Augenblicklich in ... Heilbronn. Kann man das glauben? *Darf* man das glauben. Man hört nichts, sieht nichts, dichter Nebel schließt Fliegerbesuch aus.« Doch das Ende war nah, das bewiesen die »Verwandlungskünstler« rund um Anna und Albert. *»Wie viel Anti-Nazis wir haben!«*

April 1945

Zu Ostern schrieb die Zeitung von der »Stunde der Entscheidung«. Der offizielle Befehl lautete: Vernichtung alles dessen, was der Zerstörung durch Kriegshandlung entgehen sollte! Alle Lebensmittel! Alle Maschinen! Alle Bücher! Alle Brücken! Das Gaswerk! Elektrizitätswerk! Wasserversorgung. Alles sollte in die Luft gesprengt werden! Panzersperren wurden auch in Sillenbuch errichtet. Die umliegenden Dörfer setzten sich geschlossen gegen diese SS-Befehle zur Wehr.

Am Ostermontag sah Anna Rauch aus dem Kamin des Apothekers aufsteigen. Verkohlte Papierfetzen wirbelten durch die Luft. Er verbrannte, was ihn belasten könnte. Anna versteckte ein paar Lebensmittel und ermutigte Albert, die Aufforderung, sich erneut zum Volkssturm zu melden, zu ignorieren.

Dann eines Morgens waren Isolde und ihr Mann verschwunden. Anna hatte zum Frühstück gerufen und keine Antwort erhalten. Albert saß bereits am Tisch. Da ging Anna zum Zimmer der beiden im Erdgeschoss und klopfte an die Tür. Nichts. Sie klopfte noch einmal. Wieder keine Antwort. Sie drückte die Türklinke herab, öffnete und blickte auf zwei unbenutzte Betten. Der Schrank leer, die Kommode leer. Die Rucksäcke weg, die Wanderstiefel weg. Keine Nachricht. Anna wusste seit Wochen von den Plänen ihrer Tochter, trotzdem fühlte sie sich verlassen.

»Sie sind weg, Albert, einfach weg!« Mit ausgebreiteten Armen kam Albert auf sie zu. Wie gut es war, seine Schulter zum Ausweinen zu haben. Nachdem sie das lange Minuten getan hatte, putzte Anna sich die Nase, goss für beide Bucheckernkaffee ein und lächelte Albert zu. Im Lauf des Tages brachte ein fremder Mann einen Zettel von Isolde. Sie sei in Sicherheit. *Habe keine Lust, in den letzten Stunden durch Gestapo oder Volkssturmrache aufgeknüpft zu werden*, schrieb sie, noch sich von der einrückenden Soldateska vergewaltigen zu lassen. Natürlich nicht, dachte Anna, faltete den Zettel und schob ihn in ihr Tagebuch. Der Volkssturm würde zweifellos zu ihr kommen und wissen wollen, wo Isolde sich aufhielt.

Die ganze erste Aprilwoche war Artilleriefeuer in Sillenbuch zu hören. Ein paar Jungen wollten als Werwolfgruppe Helden spielen. Ein Trupp Tiroler Soldaten, im Wald versteckt, erwarteten ihre Gefangennahme. Zwei Russinnen bettelten um Lebensmittel. Anna gab ihnen ein paar Kartoffeln. Am 6. April standen die amerikanischen und französischen Truppen dreißig Kilometer vor Stuttgart. Anna legte sich angezogen ins Bett und versuchte zu schlafen.

Die wirrsten und widersprüchlichsten Nachrichten erreichten die Menschen im Stollen: Kinder ab zwölf Jahren werden von der Hitlerjugend weggebracht. Alle Waren ab sofort ohne Bezugsscheine erhältlich. *»Es gibt noch immer Fanatiker«*, schrieb Anna. *»Sie wollen aus dem Fenster auf die einrückenden Truppen schießen und wollen die, die das nicht beabsichtigen, anzeigen.«* Die Frauen dagegen klagten über die Einquartierung deutscher Soldaten. Eine Freude war, dass Isolde und ihr Mann sich in der Nähe versteckt hielten. Sie lebten! Dann, an einem wunderschönen Frühlingstag, das erste Artilleriegeschoss. Reichsverteidigungskommissar

Wilhelm Murr gab am 13. April Befehl, jeden zu erschießen, der die weiße Fahne hisste. »*Alarm, Artillerie, Angst!*«, schrieb Anna über den Ablauf der Tage.

Die Nachbarn vergruben Juwelen und Silber im Garten, verbrannten Hitlerbilder, Parteikorrespondenz, Uniformen. Anna grub ihr Kartoffelfeld um. Am 17. April hörte sie im Radio von einer friedlichen Übergabe Stuttgarts und konnte es nicht glauben, aber es stimmte. Karl Strölin hatte sich dem unbedingten Durchhaltebefehl widersetzt, die Sprengung der Neckarbrücke verhindert, über die die Wasserleitung geführt wurde, und Kontakt zur französischen Armee aufgenommen. Ein Funker unterdrückte den Haftbefehl gegen ihn, bewahrte den Oberbürgermeister vor der standrechtlichen Erschießung und die Stadt vor der kompletten Zerstörung.

Anna stellte einen Krug mit den ersten Narzissen auf den Küchentisch. »Euch wollte ich wiedersehen«, flüsterte sie. Dann machte sie mit Albert einen Waldspaziergang. Plötzlich Maschinengewehrschüsse. Sie rannten durch das schmale Waldstück bis zur Straße. Ein voll beladener Lastwagen mit flüchtendem deutschem Militär stob vorbei. »*Heim, so schnell wie möglich Deckung suchen!*«, schrien die Soldaten. Die erste Granate sauste über ihr Haus. Sie verbrachten eine lange Nacht im Stollen, kehrten dann zurück. Eine erneute Detonation. Also wieder in den Stollen. Als sie sich ihrem Haus bei Tagesanbruch erneut näherten, stand es noch. Anna machte in der Küche Feuer, kochte Tee, sie frühstückten hastig und wollten sich wieder im Stollen in Sicherheit bringen. Ein Mädchen rief ihnen unterwegs zu, französische Panzer seien auf dem Weg in die Stadt. Der Stollenkommandant brüllte, die Frauen sollten den Stollen putzen, statt faul herumzusitzen. Jemand kam und wollte Zivilkleidung für deutsche Soldaten, die sich im Wald versteckten. Dann rannten Albert und Anna nach Hause. Ein französischer Soldat stand am Gartentor des Nachbarhauses, kam herüber und polterte gegen die Tür. Vielleicht blinzelte er in die warme Frühlingssonne, vielleicht auch nicht. Es war Samstag, der 21. April 1945.

Nachwort

»*Ich will gewiss, gewiss das Meine tun! Was für Berge von Arbeit! Alles muss von Grund auf geändert werden: die Erziehung in Haus und Schule und Hochschule vor allem.*«

Nach dem Krieg an einer demokratischen Gesellschaft mitarbeiten, dieses Ziel formulierte Anna Haag nicht nur in ihrem Tagebuch, sie setzte es auch um. Sie wurde Anna Haag, die Politikerin. Im August 1945 kehrte ihr Sohn Rudolf nach Stuttgart zurück. Im Februar 1948 machte sie ihre Eingabe zum Landesgesetz Württemberg-Baden. Sie wurde am 22. April angenommen und am 23. Mai 1949 erweitert in Artikel 4 Absatz 3 des Grundgesetzes der Bundesrepublik Deutschland aufgenommen.

Unmittelbar nach Kriegsende begann Anna Haag mithilfe ihres Mannes, ihre Tagebücher zu straffen und ein fünfhundertseitiges Typoskript herzustellen, sicherlich dachte sie dabei an eine Veröffentlichung. 1947 konnten Anna und Albert ihre Tochter und deren Familie in Großbritannien besuchen, und Anna lernte ihre Enkelkinder kennen. 1951 starb Albert Haag. Anna zog sich aus der Politik zurück und baute ein drittes Haus. Das Sillenbucher war ihr wohl zu einsam ohne Albert. Sie reiste, hielt Vorträge und schrieb Bücher.

2013 zeigte Sybil Oldfield, Annas Enkelin, das Typoskript Edward Timms, Professor für Germanistik an der

Universität Sussex und Gründungsdirektor des Centre for German-Jewish Studies. Er schrieb unter Einbeziehung der handschriftlichen Tagebücher im Stadtarchiv Stuttgart das Buch *Anna Haag and her Secret Diary of the Second World War* (2016), in deutscher Übersetzung: *Die geheimen Tagebücher der Anna Haag. Eine Feministin im Nationalsozialismus.* (2019). Jennifer Holleis unterstützte ihn dabei als wissenschaftliche Mitarbeiterin. 2021 fungierte sie als Herausgeberin des Typoskripts: *»Denken ist heute überhaupt nicht mehr Mode«*, Philipp Reclam jun. Verlag, Ditzingen.

Seit ich Maja Riepl-Schmidts Buch über die Frauenemanzipation in Stuttgart – *Wider das verkochte und verbügelte Leben* (1998) – gelesen hatte, ging mir Anna Haag nicht mehr aus dem Kopf: Pazifistin und Feministin, Demokratin und leidenschaftlicher Familienmensch, Utopistin und Realistin. Lebensvoll, humorvoll, optimistisch, aber auch kämpferisch. Für mein literarisches Porträt habe ich das im Reclam Verlag 2021 veröffentlichte Typoskript ihres Tagebuchs benutzt sowie ihre Lebenserinnerungen: *Das Glück zu leben. Erinnerungen und Begebenheiten aus neun Jahrzehnten*, J. F. Steinkopf Verlag, Stuttgart, 1978, und ihre Betrachtungen *Zu meiner Zeit*, Mühlacker u. a., 2018, sowie das Buch ihres Sohnes: *Anna Haag. Leben und gelebt werden. Erinnerungen und Betrachtungen*, Silberburg-Verlag, Tübingen, 2003. Alles darüber hinaus entsprang meiner Kenntnis der Zeit und meiner Fantasie.

Um Anna Haag als Chronistin und Zeitzeugin zu würdigen, zitiere ich die Wiedergabe von Gesprächen sowie zentrale Gedanken wörtlich. Sie sind im Text kursiv gesetzt. Die auf viele Personen verteilten Informationen habe ich konzentriert, die Namen, mit Ausnahme von Annas Familie, erfunden. Der mit den Haags befreundete jüdische

Architekt ist 1947 mit seiner Frau nach England emigriert. Ob es den »Apotheker« tatsächlich gab, war für mich nicht von Bedeutung. Seine Äußerungen stehen exemplarisch für die Angst und Verunsicherung, der Anna Haag sich ausgesetzt fühlte. Dass sie ihn als Nachbarn beschrieb, zeigt nur, als wie nah sie die Bedrohung empfand. Lebensgeschichten müssen erzählt werden – für alle Nachgeborenen.

Dank

Herrn Matthias Grüb danke ich nicht nur für seine spontane Begeisterung für das Thema, sondern auch dafür, dass er einen neuen und innovativen Verlag für den deutschen Südwesten gegründet hat! Einen großen Dank auch an die Lektorin Marion Voigt und die Gestalterin Julie August. Sie haben das Projekt kundig und geduldig unterstützt. Die Mitarbeiterinnen des Stadtarchivs Stuttgart und des Hauptstaatsarchivs haben meine Bilderwünsche umgehend bearbeitet; Frau Sabine Brügel-Fritzen stellte das Foto von Anna Haag zur Verfügung, danke!

Biografie Anna Haag

1888, 10. Juli Anna Pauline Wilhelmine Schaich wird als drittes Kind und älteste Tochter von Katharina und Jakob Schaich in Althütte (Rems-Murr-Kreis) geboren.
1901 Die Familie zieht nach Dettingen an der Erms.
1905 Anna lernt den Studenten der Mathematik und Philosophie Albert Haag kennen und verlobt sich mit ihm.
1909 Hochzeit und Umzug nach Lähn in Schlesien.
1910 Geburt der Tochter Isolde. Umzug nach Treptow an der Rega in Pommern.
1912 Umzug nach Bukarest. Albert unterrichtet an der internationalen Schule.
1914 Ferienaufenthalt bei Annas Mutter und Beginn des Ersten Weltkriegs. Albert kommt an die Westfront.
1915 Geburt der Tochter Sigrid. Annas Bruder Emil fällt in Russland.
1916 Rückkehr nach Bukarest. Kriegseintritt Rumäniens. Albert Haag wird interniert. Während der deutschen Besatzung übernimmt Anna die Leitung eines Flüchtlingsheims, dann leitet sie ein Heim für deutsche Arbeiterinnen.
1919 Rückkehr nach Deutschland. Albert erhält eine Anstellung an einem Gymnasium in Nürtingen.
1922 Geburt von Sohn Rudolf. Anna wird als Journalistin tätig.
1927 Umzug nach Feuerbach.
1934 Sigrid bricht ihr Studium ab und wird Fremdsprachenkorrespondentin. Sie geht in die französische Schweiz, dann nach England. Dort heiratet sie.

1939, 11. März Anna schickt ihren Sohn Rudolf zu seiner Schwester nach England. Anna und Albert verkaufen das Haus in Stuttgart-Feuerbach und bauen ein neues in der Silberwaldsiedlung in Stuttgart-Sillenbuch.

1940–1945 Anna Haag schreibt ihr Kriegstagebuch.

1945 Sie arbeitet es maschinenschriftlich für eine Veröffentlichung auf, organisiert die Wiedergründung der deutschen Sektion der Internationalen Frauenliga für Frieden und Freiheit und übernimmt die Leitung der Gruppe Württemberg. Die IFF gibt Annas Broschüre »… und wir Frauen?« heraus. Im Oktober wird sie Mitglied des Städtischen Beirats von Stuttgart..

1946–1950 Anna wird für die SPD in die Verfassungsgebende Landesversammlung, später in den ersten Landtag von Württemberg-Baden berufen.

1948, 25. Februar Anna Haag bringt den Initiativgesetzentwurf zur Kriegsdienstverweigerung ein.

1949 Sie gibt die Zeitschrift *Die Weltbürgerin* heraus und gründet die Arbeitsgemeinschaft Stuttgarter Frauen mit dem Ziel, Wohnraum für obdachlose Mädchen zu schaffen.

1951 Albert Haag stirbt. Gründung des Anna-Haag-Hauses in Stuttgart-Bad Cannstatt als Wohn- und Arbeitsstätte junger Frauen.

1952 Anna Haag hält Vorträge in den USA, darunter »Meine Stadt vor, während und nach dem Kriege«.

1954 Anna Haag zieht in ein neues Haus in Stuttgart-Birkach.

1958 Verleihung des Bundesverdienstkreuzes I. Klasse.

1975 Verdienstmedaille des Landes Baden-Württemberg.

1978 Bürgermedaille der Stadt Stuttgart.

1979 Anna Haag zieht in ein Altenheim in Stuttgart-Hoffeld.

1980 Medaille für die Verdienste um die Heimat.

1982, 20. Januar Anna Haag stirbt in Stuttgart.

Schule, Straßen, Plätze sind nach ihr benannt.

Chronologie

1940

10. Mai bis 25. Juni: Feldzug der deutschen Wehrmacht gegen Frankreich. Überfall auf Belgien, die Niederlande und Luxemburg.
14. Juni: Deutsche Soldaten besetzen Paris.
19. Juni: Großbritannien schlägt Hitlers »Friedensangebot« aus.
22. Juni: Frankreich unterzeichnet den Waffenstillstandsvertrag. Italien wird Deutschlands Kriegsverbündeter. Mussolini lässt britische Positionen im Mittelmeer sowie in Nord- und Ostafrika angreifen.
27. Juni: Erster britischer Luftangriff auf Gaisburg.
2. Juli: Göring beginnt die »Luftschlacht« gegen England.
September: Konzentration deutscher Angriffe auf London.
27. September: Dreimächtepakt Deutschland, Italien und Japan. Hitler gewinnt Rumänien als Verbündeten.
Italienische Verbände greifen Griechenland an. Sie werden bis über die Grenzen Albaniens zurückgedrängt.
Roosevelt erklärt im Dezember 1940 die massive Stärkung Großbritanniens für notwendig.

1941

Winter und Frühjahr: Deutsche Angriffe auf die englische Industrie. Italienische Niederlagen in Ägypten, im östlichen Teil Libyens und in Ostafrika.
Februar: Entsendung des Deutschen Afrikakorps.
30. März: Hitler erklärt vor 200 Offizieren, der bevorstehende

Krieg gegen die Sowjetunion sei ein rassenideologischer Vernichtungskrieg und ohne Rücksicht auf völkerrechtliche Normen zu führen.

6. April: Hitler greift Jugoslawien an. Deutscher Feldzug gegen Griechenland. Deutsche Luftwaffe legt Belgrad in Schutt und Asche.
17. April Jugoslawien kapituliert.
27. April: Die deutsche Wehrmacht rückt in Athen ein.
20. Mai: Deutsche Fallschirmjäger landen auf Kreta.
Mai: Luftangriffe gegen Großbritannien gehen deutlich zurück.
22. Juni: Neue Front im Osten auf einer Länge von 1600 Kilometern. NS-Propaganda spricht von einem Verteidigungskrieg. Hitler will einen ununterbrochenen Feldzug bis Moskau. Deutsche Truppen erobern große Gebiete des europäischen Teils der Sowjetunion. Sie haben Befehl, die Gebiete rücksichtslos auszubeuten, einen Teil der Einwohner zu töten oder zur Zwangsarbeit zu zwingen.
25. August: Britische und sowjetische Truppen marschieren im Iran ein.
Oktober: Deutsche Offensive im Osten verlangsamt sich, bleibt in Schlamm und Schnee stecken.

Im Herbst wird der Volkspark auf dem Killesberg zum Sammellager und zu einem von 16 Ausgangsorten der ersten Deportationswelle jüdischer Deutscher. Aus dem ganzen Land werden ab dem 27. November Menschen in die Ausstellungshallen verschleppt. Am ersten Dezember erfolgt die erste Deportation vom Nordbahnhof.

5. Dezember: Der Angriff auf Moskau kommt bei minus 50 Grad Celsius zum Erliegen. Sowjetische Gegenoffensive mit gut ausgerüsteten Truppen. Haltebefehl Hitlers am 16. Dezember. Bis Jahresende wird die Wehrmacht weiter zurückgedrängt.

Mit dem Angriff Japans auf die US-Pazifikflotte und den Kriegserklärungen Deutschlands und Italiens werden die USA zum Kriegsgegner.

1942

Die Wehrmacht verliert bis Ende Januar ein Drittel ihrer Soldaten. Weit höhere Verluste hat die Rote Armee mit allein 3,3 Millionen Gefangenen.

14. Februar: Das britische Luftfahrtministerium gibt Anweisung zum Flächenbombardement ziviler Ziele in Deutschland.

26. April: Stuttgart Nordbahnhof: Deportation von 285 jüdischen Personen in das Sammellager Izbica bei Lublin.

Mai bis Juni: Sewastopol und die Halbinsel Kertsch auf der Krim werden erobert. Offensive beginnt zwischen Kursk und Taganrog.

7. Juli 1942: Beginn der Schlacht um Stalingrad.

23. Juli: Hitler entscheidet, zwei Vorstöße zu machen: gegen Stalingrad und gegen den Kaukasus.

19. August: Goebbels und Hitler treffen sich im neu gebauten Führerhauptquartier Werwolf bei Winniza (Ukraine).

21. August: Die deutsche Armee überschreitet den Don, Vormarsch auf Stalingrad.

23. August: Die deutsche Luftwaffe bombardiert Stalingrad. Erste Einheiten können in die Außenbezirke eindringen.

Anfang November: Deutsche Niederlage gegen die Briten in der Schlacht von El-Alamein.

9. bis 12. November: Es gelingt den Deutschen, das völlig zerstörte Stalingrad unter Kontrolle zu bringen.

Deutsche und italienische Truppen rücken in das französische Protektorat Tunesien ein, um die in Marokko und Algerien angelandeten Briten und US-Amerikaner aufzuhalten.

19. November: Sowjetische Gegenoffensive bei Stalingrad. Innerhalb von fünf Tagen werden 300 000 Soldaten der Wehrmacht und ihrer Verbündeten von der Roten Armee eingekesselt.

24. November: Hitler entscheidet, den Kessel aus der Luft zu versorgen. Wo es gelingt, ist es viel zu wenig.

Nach entscheidenden Siegen in Nordafrika, im Pazifik, in Nordeuropa wendet sich der Krieg zugunsten der Alliierten.

17. Dezember: Der britische Außenminister Anthony Eden informiert das Unterhaus über die Behandlung der Juden in Polen. Gemeinsame Erklärung von London, Washington, Moskau:

Tod durch Erfrieren, Hunger, Massenerschießungen. Die BBC verbreitet die Nachricht auch in Deutschland.

1943

Die Versorgung der 6. Armee aus der Luft bricht zusammen. Die meisten Soldaten sterben an Unterernährung und Unterkühlung. Ausgeflogene verwundete Soldaten kommen in Lazarette und Krankenhäuser in besetzten Gebieten.

31. Januar: Generalfeldmarschall Paulus geht in Gefangenschaft, ohne eine Kapitulation der Armee auszusprechen.

18. Februar: Sportpalastrede von Goebbels mit dem Aufruf zum »totalen Krieg«. Lage der deutschen und italienischen Truppe in Nordafrika ist aussichtslos.

März: Zusammenbruch der Ostfront verhindert.

Mai: Deutschland bereitet sich auf einen Verteidigungskrieg vor. Die Luftwaffe hat Probleme, das deutsche Reichsgebiet zu schützen. Die deutsche und die italienische Armee ergeben sich in Nordafrika. Die deutsche Bevölkerung entsetzt über die hohen Verluste.

10. Juli: Amerikaner und Briten landen auf Sizilien.

Juli: Panzerschlacht bei Kursk. Die Wehrmacht verliert in wenigen Tagen mehr Soldaten als in Monaten in der Schlacht um Stalingrad. Abbruch von deutscher Seite am 13. Juli.

1944

Januar: Rommel übernimmt den Oberbefehl an der Westfront. Küstenbefestigung des Atlantikwalls.

14. Januar: Deutscher Belagerungsring um Leningrad gesprengt. Die folgende sowjetische Frühjahrsoffensive bringt weitere Gebietsgewinne. Luftangriffe auf London beginnen erneut. Britische und amerikanische Bombardierungen der französischen Küste aus der Luft und von der See. Hohe deutsche Verluste.

12. Mai: Krim wieder in sowjetischer Hand.

6. Juni: Invasion britischer und amerikanischer Truppen in der Normandie.

9. Juni: Offensive an der finnischen Front auf der Karelischen Landenge.
15. August: Zweite Invasion in Südfrankreich.
26. August: Befreiung von Paris.
Juni bis August: Der Sowjetunion gelingt die vollständige Zerschlagung der Heeresgruppe Mitte.
19. September: Finnland schließt Waffenstillstand mit der Sowjetunion.
September: Britische Fallschirmjäger landen bei Arnheim. Brüssel und Antwerpen werden besetzt.
21. Oktober: US-Soldaten erobern Aachen als erste deutsche Großstadt.
Oktober bis Februar 1945: Schlacht im Hürtgenwald.
16. Dezember: Deutsche Ardennenoffensive.

1945
8. Januar: Deutscher Rückzug aus den Ardennen. Alle Treibstoffreserven verbraucht, Heer und Luftwaffe bewegungslos.
Die sowjetische Armee stößt von Warschau nach Norden vor und schneidet Ostpreußen vom Deutschen Reich ab. Ein riesiger Flüchtlingsstrom setzt ein.
27. Januar: Soldaten der Roten Armee befreien das KZ Auschwitz-Birkenau.
Ende Januar: Die Rote Armee steht 80 Kilometer vor Berlin.
12. Februar: Deportation von sogenannten »Mischehepartnern« nach Theresienstadt (ab Bietigheim); von den ca. 160 Personen überleben fast alle.
Februar: Die US-Armee dringt zum Rhein vor, besetzt Metz und Straßburg.
7. März: US-Soldaten erreichen die zerstörte Brücke bei Remagen.
22. April 1945: Der Stuttgarter Oberbürgermeister Karl Strölin übergibt die Stadt an General Jacques Schwarz. 39 125 Gebäude sind beschädigt oder zerstört, also 57,5 Prozent der Bausubstanz. In der Innenstadt liegt der Zerstörungsgrad bei 68 Prozent. 4562 Menschen, darunter 770 Ausländer, die meisten von ihnen Zwangsarbeiter, haben ihr Leben verloren.

Literatur

Borst, Otto: *Stuttgart: Die Geschichte der Stadt Stuttgart*, Stuttgart, 1973.

Bardua, Heinz: *Stuttgart im Luftkrieg 1939–1945*, Stuttgart², 1985.

Emmert, Sigrid, Garski-Hoffmann, Petra: »Anna Haag«. In: Garski-Hoffmann, Petra (Hg.): *»Ohne Kunst hätte ich nicht leben können«. Nürtinger Künstlerinnen, Künstlermütter, Künstlerfrauen*, Nürtingen-Frickenhausen, 2005, S. 111–128.

Gallasch, Christa: »Anna Haag. Pazifistin und Weltbürgerin«. In: *Frauen im deutschen Südwesten*, hg. v. Birgit Knorr u. Rosemarie Wehling, Stuttgart u. a., 1993 (= Schriften zur politischen Landeskunde Baden-Württembergs, hg. v. d. Landeszentrale für politische Bildung, Bd. 20), S. 217–221.

Glass, Christian (Hg.): *Sillenbuch und Riedenberg. Zwei Stadt-Dörfer erzählen aus ihrer Geschichte*, Stuttgart, 1995.

Grünbein, Durs: *Oxford Lectures. Jenseits der Literatur*, Berlin, 2020.

Haag, Anna: *»Denken ist heute überhaupt nicht mehr Mode«. Tagebuch 1940–1945*. Hg. m. e. Nachwort v. Jennifer Holleis, Ditzingen, 2021.

Dies.: *Das Glück zu leben. Erinnerungen und Begebenheiten aus neun Jahrzehnten*, Stuttgart, 1978.

Dies.: *Renate und Brigitte*, Berlin, 1932.

Dies.: *Die vier Rosenkinder. Geschichten aus einem Waldschulhaus*, Heilbronn, 1926 (Auenwald, 1988).

Dies.: *Zu meiner Zeit*, Mühlacker u. a., 2018.

Haag, Rudolf (Hg.): *Anna Haag. Leben und gelebt werden. Erinnerungen und Betrachtungen*, Tübingen, 2003.

Katz, Gabriele: *Stuttgarts starke Frauen*, Darmstadt, 2015.

Müller, Roland: *Stuttgart zur Zeit des Nationalsozialismus*, Stuttgart, 1988.
Riepl-Schmidt, Maja: »Anna Haag, geborene Schaich. Die Friedensfrau«. In: Dies.: *Wider das verkochte und verbügelte Leben. Frauen-Emanzipation in Stuttgart seit 1800*, Tübingen, 1998, S. 247–254.
Dies.: »›Ich werde die blaue Frühlingsluft in mich trinken.‹ Anna Haag und ihre Sillenbucher Zeit«. In: Glass, Christian (Hg.): *Sillenbuch und Riedenberg*, S. 158–161.
Timms, Edward: *Die geheimen Tagebücher der Anna Haag: eine Feministin im Nationalsozialismus*, Bad Vilbel, 2019.
Zelzer, Maria: *Stuttgart unterm Hakenkreuz. Chronik aus Stuttgart 1933–1945*, Stuttgart, 1983.

Abbildungen und Quellen

Bundesarchiv, Bild 101I-218-0545-33 / Fotograf: Dieck, S. 83; Bild 146-1973-001-36, Fotograf: o. Ang., S. 129
Stadtarchiv Stuttgart, F 30303, S. 19; 9200 F 1440 719, S. 58; 9200 F 45851, S. 121
© Anna-Haag-Nachlass
© Philipp Reclam jun. Verlag, Ditzingen

Verlag und Autorin danken den Rechteinhabern für das Erteilen der Abdruckgenehmigung. Wir haben uns bemüht, sämtliche Lizenzen einzuholen, sollten wir trotz sorgfältiger Recherche nicht alle berechtigten Ansprüche berücksichtigt haben, bitten wir um Nachricht an den Verlag.

Hat Ihnen dieses Buch gefallen? Dann empfehlen Sie es bitte weiter. Mehr über den 8 grad verlag finden Sie auf www.8gradverlag.de und in unserem Newsletter.

privat

Dr. Gabriele Katz, geboren und aufgewachsen in Württemberg, lebt nahe Stuttgart. Ihr Studium der Kunstgeschichte, Geschichte und Germanistik in Tübingen und Berlin schloss sie mit der Promotion ab. Die Historikerin und Autorin veröffentlichte zahlreiche Biografien berühmter Frauen und Porträtsammlungen, unter anderem schrieb sie über Margarete Steiff und Stuttgarts starke Frauen.

www.gabriele-katz.de

Wir setzen auf nachhaltige Produktion. Unseren wertvollen Rohstoff Papier beziehen wir aus verantwortungsvoller Waldwirtschaft, dokumentiert mit dem nachstehenden FSC®-Logo.

1. Auflage 2022
© 2022, 8 grad verlag GmbH & Co. KG
Sonnhalde 73 | 79104 Freiburg
Alle Rechte vorbehalten

Köpfe: 02
Herausgegeben von Marion Voigt

Umschlagmotive: Anna Haag, Detail eines Fotos,
© Anna-Haag-Nachlass; Narzissen, © F1online
Lektorat: Marion Voigt, Zirndorf
Umschlaggestaltung, Layout und Satz:
Julie August, Buenos Aires / München
Herstellung: folio · print & more, Zirndorf

Druck und Bindung: Steinmeier GmbH & Co. KG, Deiningen
Gesetzt aus: Caslon und Brown
Gedruckt auf: Munken Print cream 90 g/m² 1,5-fach
Einbandmaterial: Peyprint honan 130 g/m²
Printed in Germany

ISBN 978-3-910228-00-9

www.8gradverlag.de

Die Veröffentlichung dieses Werkes erfolgt auf Vermittlung von BookaBook, der Literarischen Agentur Elmar Klupsch, Stuttgart.